U0923478

汽车运用与维修专业课程改革成果教材

汽车维修技能基础

第2版

主　编　庞志康　徐利琦
参　编　高志康　陈武龙　郑礼民　郑绍辉

机械工业出版社

本书是“浙江省职业教育六项行动计划”项目成果教材，是在第1版的基础上修订而成的。

本书通过任务驱动型的项目活动，使学生能够熟练掌握工具、量具和设备的使用及操作方法，初步掌握汽车维修的基础技能，并能培养学生良好的操作安全、环保、节约意识和敬业品质，为进一步提高学生专业能力奠定良好的基础。全书共分五个项目，主要内容包括拆装螺栓、螺母，测量汽车零配件，拆装与维护台虎钳，加工錾口锤子和加工六角螺母。每个项目均设有评分表，用以检测教学效果。

本书可作为中等职业学校汽车运用与维修专业教材，也可作为汽车维修技术人员的岗位培训用书。

为方便学生学习，本书有配套的“同步训练”（另行购买），包含每个项目的课后练习题，学生可在课后巩固提高课堂所学知识。

为方便教学，本书配有电子课件，凡选用本书作为授课教材的教师均可登录 www. cmpedu. com 以教师身份注册、下载，或来电咨询：010-88379865。

图书在版编目（CIP）数据

汽车维修技能基础/庞志康，徐利琦主编．—2版．—北京：机械工业出版社，2015.8（2023.6重印）

汽车运用与维修专业课程改革成果教材

ISBN 978-7-111-51186-1

Ⅰ.①汽…　Ⅱ.①庞…②徐…　Ⅲ.①汽车－车辆修理－教材　Ⅳ.①U472.4

中国版本图书馆CIP数据核字（2015）第189351号

机械工业出版社（北京市百万庄大街22号　邮政编码100037）
策划编辑：曹新宇　责任编辑：曹新宇
责任校对：姚丛蓉　封面设计：马精明
责任印制：任维东
北京玥实印刷有限公司印刷
2023年6月第2版第17次印刷
184mm×260mm·6.75印张·162千字
标准书号：ISBN 978-7-111-51186-1
定价：28.00元

电话服务　　网络服务
客服电话：010-88361066　　机　工　官　网：www. cmpbook. com
010-88379833　　机　工　官　博：weibo. com/cmp1952
010-68326294　　金　书　网：www. golden-book. com

机工教育服务网：www. cmpedu. com

浙江省中等职业教育汽车运用与维修专业课程改革成果教材编写委员会

第2版前言

2007 年，浙江省中等职业教育专业课程改革研究正式启动，确立了“以核心技能培养为专业课程改革的主旨、以核心课程开发为专业教材建设的主体、以教学项目设计为专业教学改革的重点”的浙江省中等职业教育专业课程改革思路，构建了“核心课程 + 教学项目”的专业课程模式。

汽车运用与维修专业课题组以此模式为要求，于 2008 年完成了浙江省汽车运用与维修专业教学指导方案与课程标准；于 2009—2011 年邀请行业专家、高校专家和一线骨干教师组成了教材编写组，根据颁布的教学指导方案，几经论证、修改，编写了本套汽车运用与维修专业课程改革成果教材，并在浙江省中等职业学校汽车类专业推广使用，取得了良好的教学效果。

本书将文化教育与素质教育相融合，以专业人才培养目标为依据，以所在专业能力结构为主线，贯彻落实党的二十大精神，用社会主义核心价值观铸魂育人。文字简洁、通俗易懂、图文并茂、形象直观，在培养学生专业能力的同时，关注学生身心的健康发展，坚定学生的理想信念，加强职业道德与爱国主义的教育，激发学生的家国情怀和使命担当，培养适合新时代发展需要的高技能人才。

近年来，职业教育的发展和国家职教体系建设的大环境，使中职教育的培养目标要求从注重就业导向，转变为升学就业双通道；课程内容从注重技能培养对接企业岗位要求，到重视学生职业生涯发展和知识技能并重；职业教育的课堂从注重理实一体“做中学”，到信息技术的广泛渗透而形成的理、虚、实一体的课堂形态。本次教材修订充分考虑了这些变化，统一了修订理念和要求，并对教材使用中的一些问题进行了调整、修改。

《汽车维修技能基础》是汽车运用与维修专业的专业核心课程教材，主要内容包括拆装螺栓、螺母，测量汽车零配件，拆装与维护台虎钳，加工錾口锤子和加工六角螺母，共五个项目。工作任务的设计以现代汽车企业维修所需的基本技能为出发点，以典型工作任务为原则；任务实施部分配有详细的图解式操作步骤，以图蹊径，图文对照，力求符合中职学生的能力水平、认知特点和教学需要。本次修订在第 1 版的基础上，删去了金属切削加工项目，增加了百分表测量气缸磨损的任务内容，每个工作任务在第 1 版的基础上增加了拓展知识和配套习题。

本书由庞志康、徐利琦任主编，参加修订的还有高志康、陈武龙、郑礼民、郑绍辉。

由于编者水平有限，书中难免有不足之处，恳请读者提出宝贵的意见和建议，以求不断改进和完善。

编　者

第1版前言

2006年，浙江省政府召开全省职业教育工作会议并下发《省政府关于大力推进职业教育改革与发展的意见》。《意见》指出，“为加大对职业教育的扶持力度，重点解决我省职业教育目前存在的突出问题”，决定实施“浙江省职业教育六项行动计划”。2007年初，作为“浙江省职业教育六项行动计划”项目的浙江省中等职业教育专业课程改革研究正式启动，用5年左右时间，分阶段对约30个专业的课程进行改革，初步形成能与现代产业和行业发展相适应的、体现浙江特色的课程标准和课程结构，以满足社会对中等职业教育的需要。

专业课程改革亟待改革原有以学科为主线的课程模式，尝试构建以岗位能力为本位的专业课程新体系，促进职业教育内涵的发展。基于此，课题组本着积极稳妥、人才需求状况、职业岗位群对知识技能的要求等方面进行了系统的调研，在庞大的数据中梳理出共性问题，在把握行业、企业的人才需求与职业学校的培养现状，掌握国内中等职业学校专业人才培养动态的基础上，最终确立了“以核心技能培养为专业课程改革主旨、以核心课程开发为专业教材建设主体、以教学项目设计为专业教学改革重点”的浙江省中等职业教育专业课程改革新思路，并着力构建“核心课程+教学项目”的专业课程新模式。这项研究得到了由来自教育部职业技术中心研究所、中央教科所和华东师范大学职教所等机构的专家组成的鉴定组的高度肯定，认为课题研究“取得的成果创新性强，操作性强，已达到国内同类研究领先水平”。

本书是汽车运用与维修专业的专业核心课程教材，其目标为培养本专业汽车维修各工种的基本操作和动手能力，为后续汽车各大总成的拆装学习打下良好的基础。

本书以汽车运用与维修中所需的基本钳工技能为依据，以够用、实用为原则，采用项目教学形式编写。全书共分七个项目，内容包括常用设备的使用、测量汽车零配件、螺纹的联接、修复螺纹、切削加工实心轴、加工六角螺母和加工錾口锤子。通过学习达到以下职业能力目标：①规范使用常用的工具、量具和简单的设备；②能进行简单的钳工操作；③能正确选用汽车常用紧固件；④了解金属切削加工的基础知识。

本书由陈文华主编，由庞志康、徐利琦任副主编，参加编写的人员还有高志康和陈武龙。

由于时间紧、任务重，教材中定有不足之处，敬请读者提出宝贵的意见和建议，以求不断改进和完善。

编 者

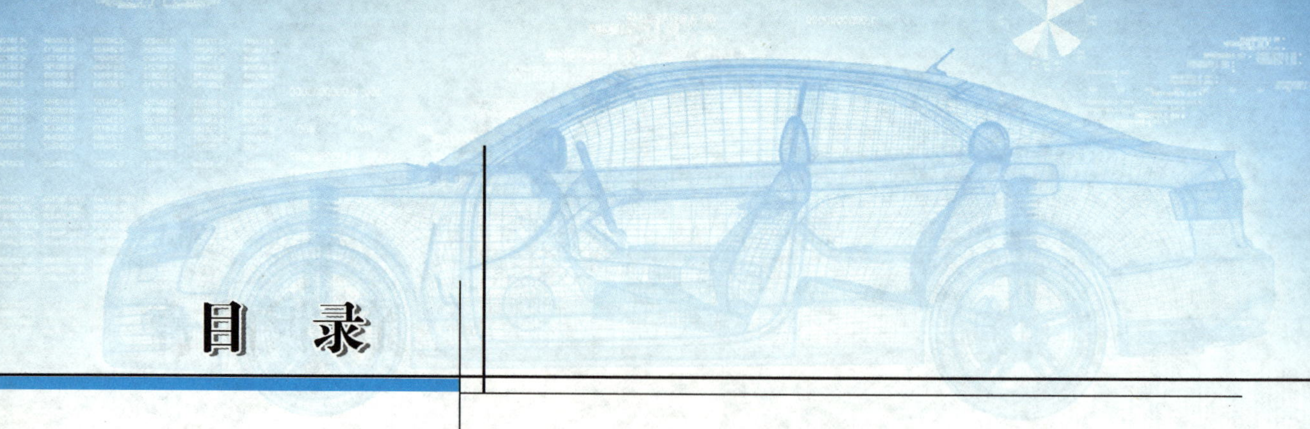

目 录

划线

锯削

锉削

微课视频

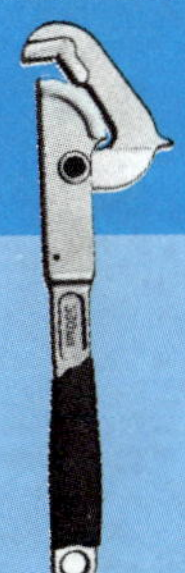

项目一

拆装螺栓、螺母

我们的目标是

1. 知识目标：掌握螺栓、螺母、常用工具规格型号的含义。
2. 技能目标：能正确使用常用工具，能熟练进行螺纹联接。
3. 情感目标：培养学生安全规范操作的意识和吃苦耐劳的精神。

着手的任务是

正确地选择不同规格的螺栓、螺母，利用特制的操作台，合理选择工具进行螺纹联接操作。

任务准备中

1. 螺纹联接工具及其使用要求

汽车维修工具的种类很多，用途各有不同。工具使用得当与否，直接关系到维修工作能否顺利进行，如使用不正确，不但容易损坏工具，而且会损坏零件和设备，甚至造成人身事故。因此，汽车维修人员必须熟悉常用工具的合理使用方法。本项目利用特制的拆装操作台（见图 1-1）、零件盘（见图 1-2）、常用工具（见图 1-3），正确地选择螺栓、螺母的规格和常用工具，进行螺纹联接实际操作。

为了保证螺纹联接的装配质量和装配工作的顺利进行，合理地选择和使用装配工具非常重要。常用的工具有螺钉旋具、扳手、钳子、锤子等。扳手通常有呆扳手、梅花扳手、套筒扳手、力矩扳手、活扳手等。

（1）螺钉旋具（见图 1-4） 螺钉旋具主要用来装拆头部开槽的螺钉，俗称起子，主要有一字形和十字形两种。螺钉旋具用刀体部分的长度代表其规格，常用的有 100mm（4″）、150mm（6″）、200mm（8″）、300mm（12″）及 400mm（16″）等规格。

图 1-1　拆装操作台

图 1-2　零件盘

螺钉旋具的使用要求如下：

1）应根据螺钉头部形状、大小选择合适的螺钉旋具。

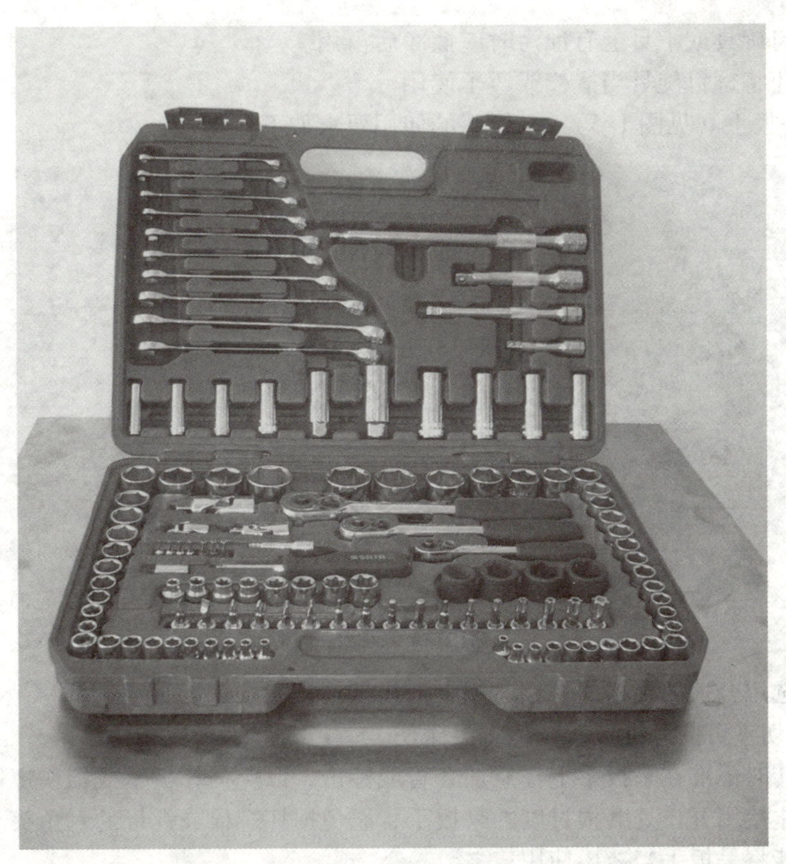

图 1-3　常用工具

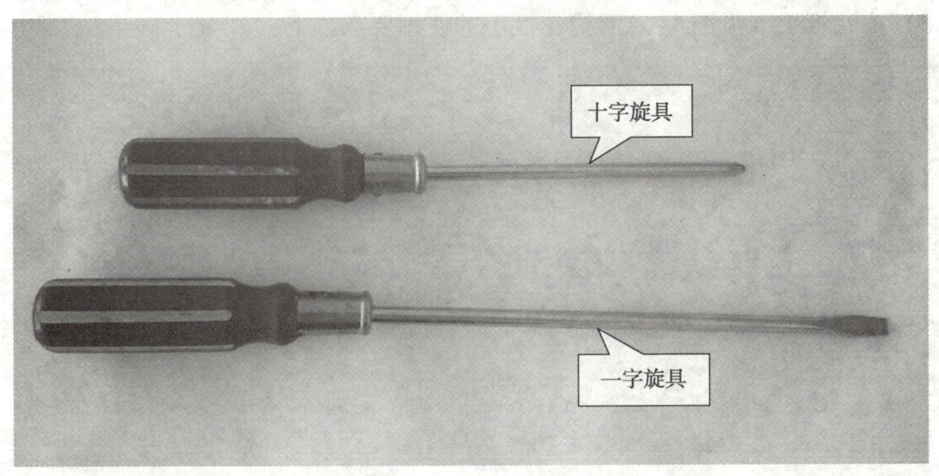

图 1-4　螺钉旋具

2）使用时螺钉旋具不可偏斜，扭转的同时施加一定的压力，以免旋具滑脱。

3）使用时手心应顶住旋具柄端，并用手指旋转其手柄。如使用较长的螺钉旋具，则左手应把住旋具的前端。

4）螺钉旋具或工具上有油污时应擦净后再用。

5）禁止将螺钉旋具当撬棒或錾子使用。

（2）呆扳手（见图1-5）　呆扳手的使用要求如下：

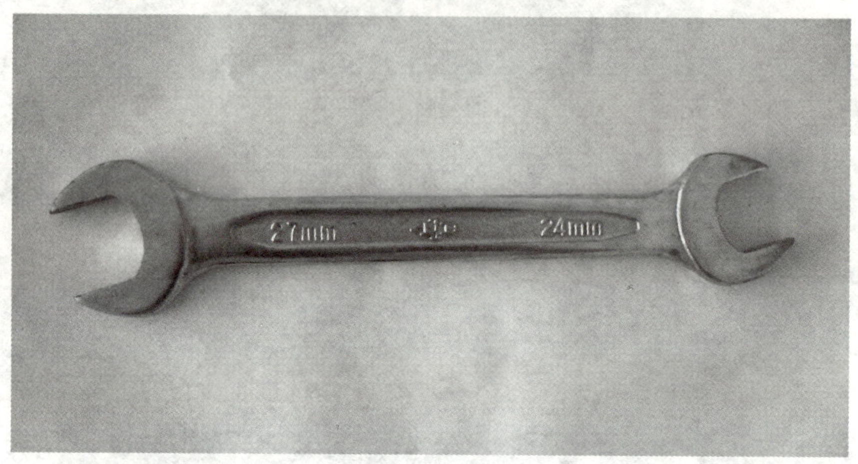

图1-5　呆扳手

1）应选用合适的规格，使用时用大拇指抵住扳手头部，另外四指握紧扳手柄部往身边拉扳，切不可向外推扳，以免将手碰伤。

2）扳转时不准在呆扳手上任意加套管或锤击，以免损坏扳手或损伤螺栓或螺母。

3）禁止使用开口处磨损过度的呆扳手，以免损坏螺栓或螺母的六角头。

4）不能将呆扳手当撬棒使用。

5）禁止用水或酸、碱液清洗扳手，应用煤油或柴油清洗后再涂上一层薄润滑脂保存。

（3）梅花扳手（见图1-6）　梅花扳手的使用要求如下：

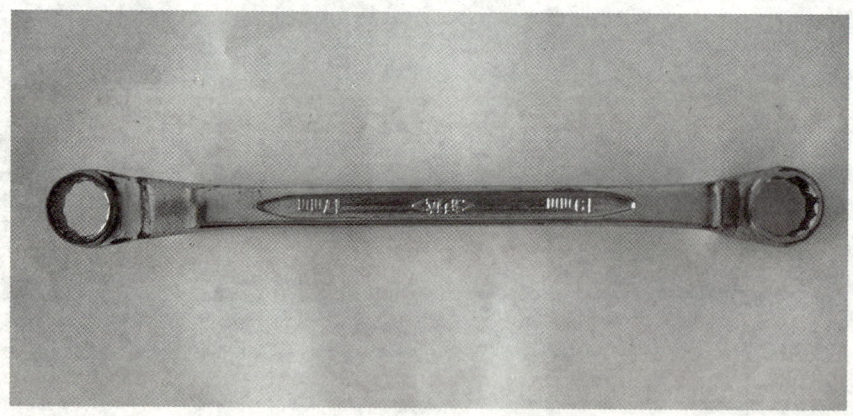

图1-6　梅花扳手

1）应选用合适的规格，轻力扳转时，手势与呆扳手相同；重力扳转时，大拇指与另外四指应上下握紧扳手手柄，往身边扳转。

2）扳转时不准在梅花扳手上任意加套管或锤击。

3）禁止使用内孔磨损过度的梅花扳手。

4）不能将梅花扳手当撬棒使用。

（4）套筒扳手（见图1-7） 套筒扳手的使用要求如下：

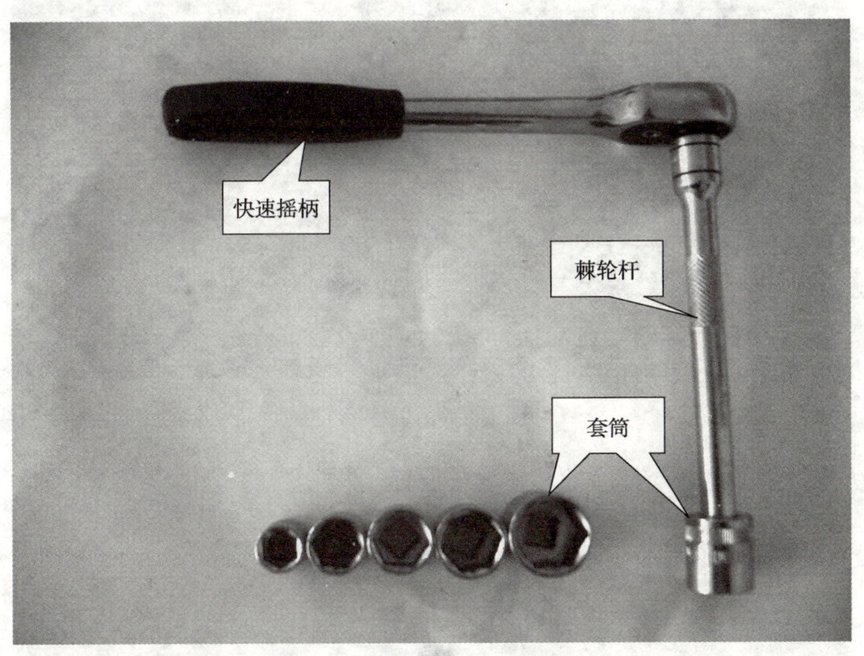

图1-7 套筒扳手（棘轮手柄式）

1）根据螺栓、螺母的尺寸选用合适的规格，将套筒套在棘轮杆的方形端头上（视需要与长接杆或短接杆配合使用），再用套筒套住螺栓或螺母，转动快速摇柄进行拆装。

2）用棘轮手柄式套筒扳手时，不准拆装过紧的螺栓或螺母，以免损坏棘轮手柄。

3）拆装时，握快速摇柄的手切勿摇晃，以免套筒滑出或损坏螺栓或螺母的六角头。

4）禁止用锤子将套筒击入变形的螺栓或螺母的六角头进行拆装，以免损坏套筒。

5）禁止使用内孔磨损过度的套筒。

6）工具用毕，应清洗油污，妥善放置。

（5）力矩扳手（见图1-8） 力矩扳手的使用要求如下：

1）用左手把住套筒，右手握紧力矩扳手手柄往身边扳转。禁止往外推，以免扳手滑脱而损伤身体。

2）对要求拧紧力矩较大，且工件较大、数目较多的螺栓或螺母，应分次按一定顺序拧紧。

3）拧紧螺栓或螺母时，不能用力过猛，以免损坏螺纹。

4）拆装时，禁止在力矩扳手的手柄上再加套管或用锤子锤击。

5）禁止使用无刻度或刻线不清的力矩扳手。

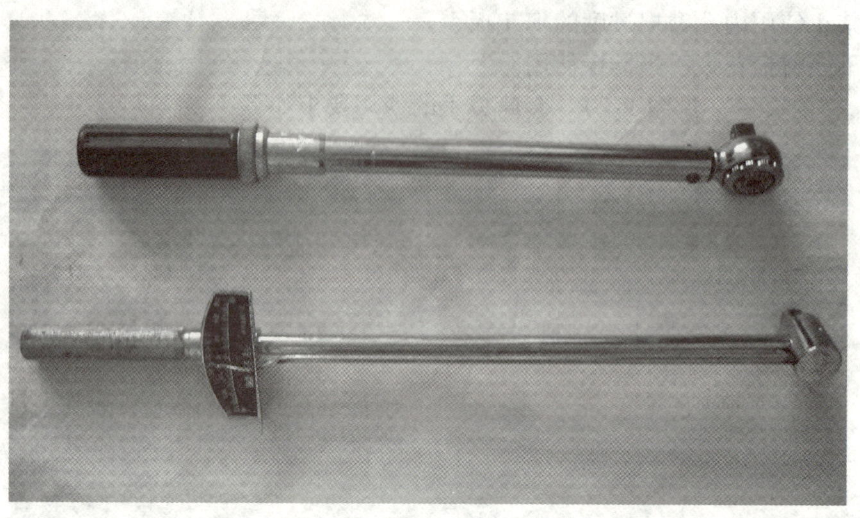

图1-8　力矩扳手

6）力矩扳手使用后应擦净油污，妥善放置。

7）预调式力矩扳手使用前应做好调校工作，用后应将预紧力矩调到零位。

（6）活扳手（见图1-9）　活扳手的使用要求如下：

图1-9　活扳手

1）应根据螺栓或螺母的尺寸先调好活扳手的开口，使之与螺栓或螺母的六角头一致。

2）扳转时，应使活扳手的固定部分承受拉力，以免损坏活动部分，正误使用方法分别如图1-10a、图1-10b所示。

3）扳转时，不准在活扳手的手柄上随意加套管或锤击。

4）禁止将活扳手当锤子使用。

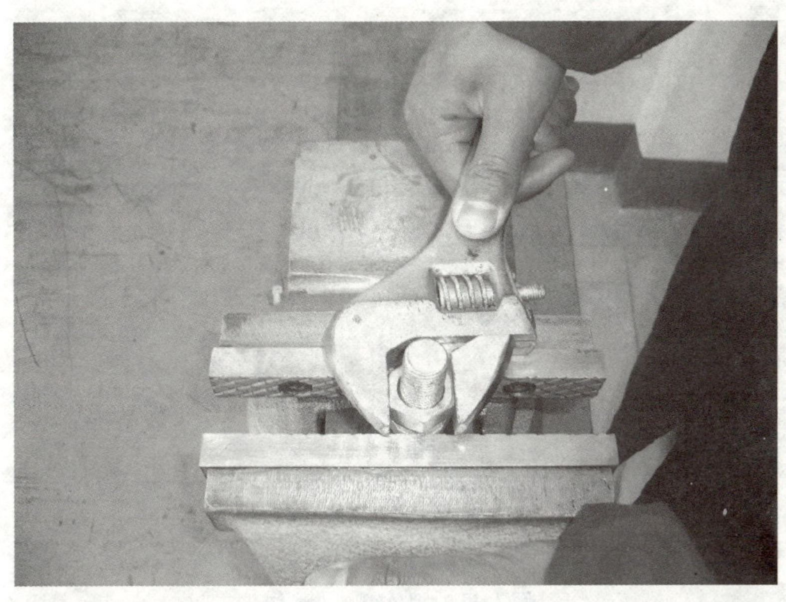

a）

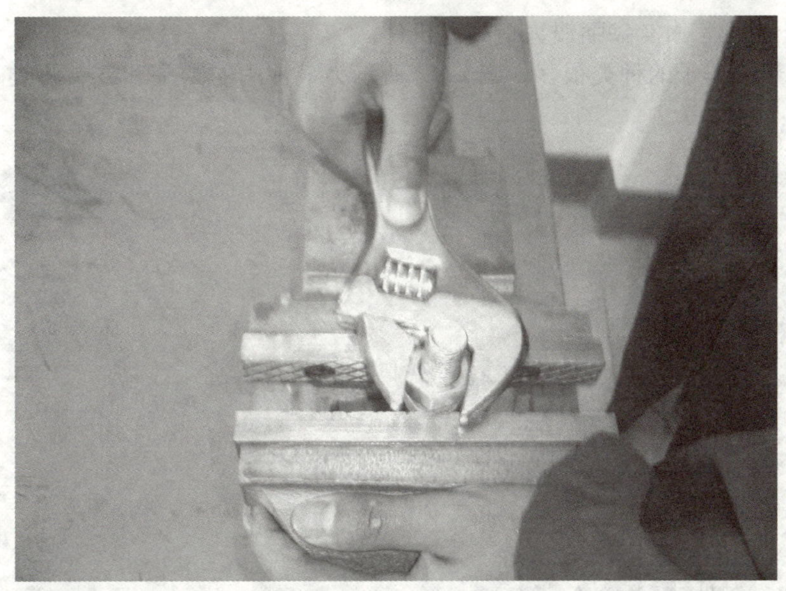

b）

图 1-10　活扳手的使用方法

a）正确使用方法（顺时针拧紧）　b）错误使用方法（顺时针拧紧）

（7）鲤鱼钳、尖嘴钳（见图 1-11）　鲤鱼钳、尖嘴钳的使用要求如下：

1）使用时，先擦净油污。

2）禁止将鲤鱼钳、尖嘴钳当扳手、撬棒或锤子使用。

3）不准用锤子击打鲤鱼钳、尖嘴钳。

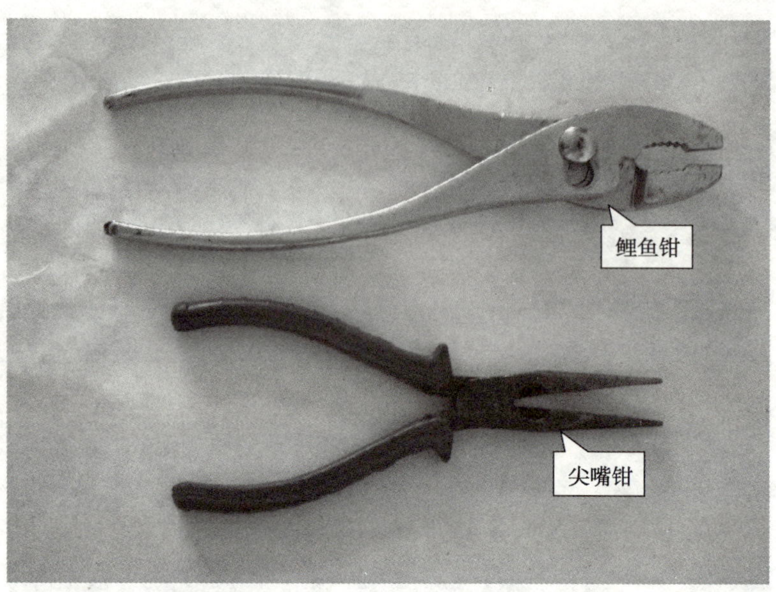

图 1-11　鲤鱼钳、尖嘴钳

4）禁止用鲤鱼钳、尖嘴钳夹持高温机件。

（8）锤子　锤子的种类很多，图 1-12 所示为最常用的圆头和方头两类。锤子的使用要求如下：

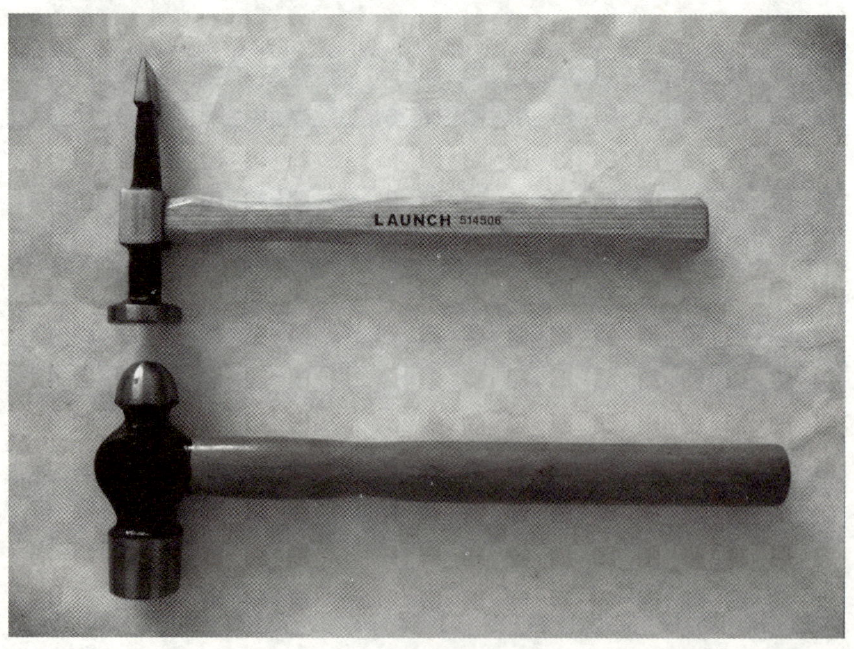

图 1-12　锤子

1）禁止用锤子直接锤击机件，应加铜棒间接锤击机件。

2）锤击时，眼应盯住铜棒的下端，以免击偏。

3）使用时，应握紧锤柄的有效部位，锤落线应与铜棒的轴线保持相切。

2. 螺栓、螺母的规格与所用工具的规格

汽车维修中，螺栓、螺母的常用规格为 M6、M8、M10、M12 等，规格中的数值指的是螺栓和螺母的大径 *D*，而大径是指与外螺纹牙顶或内螺纹牙底相切的假想圆柱的直径（见图 1-13）。扳手的规格也习惯称为 8mm、10mm、12mm、14mm、17mm 等，规格中的数值指的是该扳手所拆装的六角螺母平行边的间距 *S*（见图 1-14）。

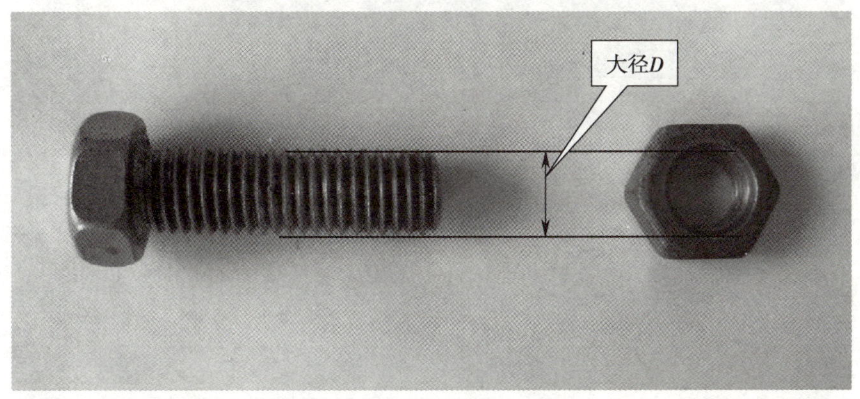

图 1-13　螺栓、螺母的规格

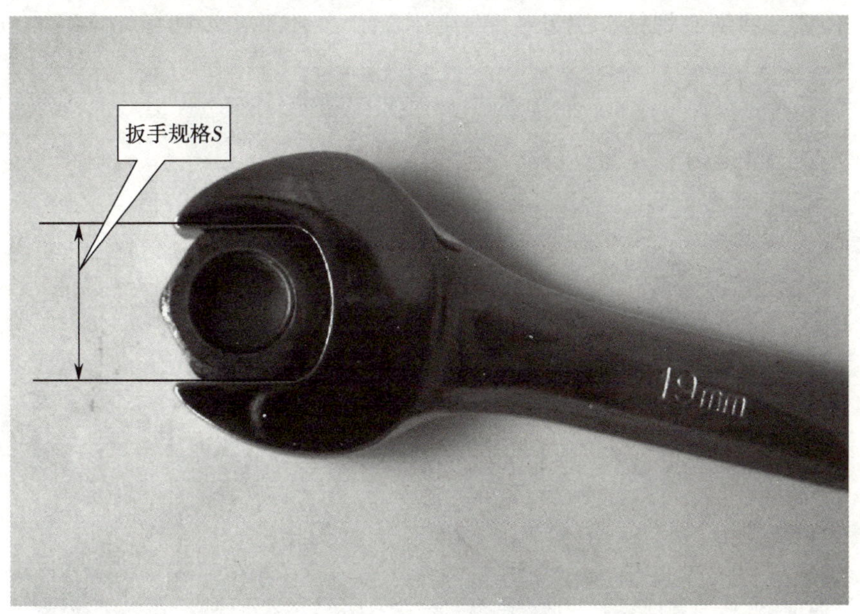

图 1-14　扳手的规格

工作中

（1）观察、准备　观察操作台上螺栓、螺母的规格和工具（见图 1-15）。

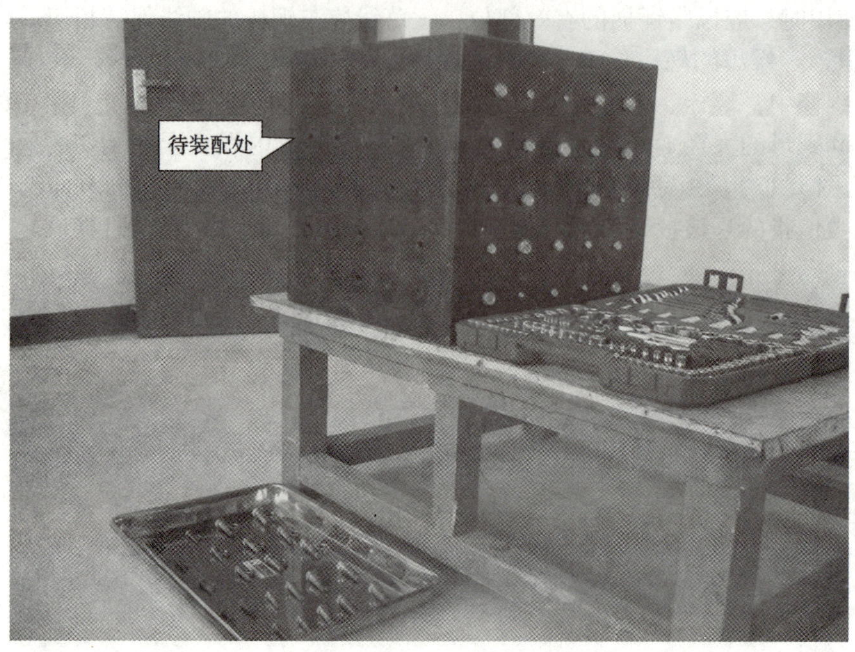

图 1-15　观察、准备

（2）预紧　将所有螺栓、螺母装配到操作台上，用手初步拧紧（见图 1-16）。

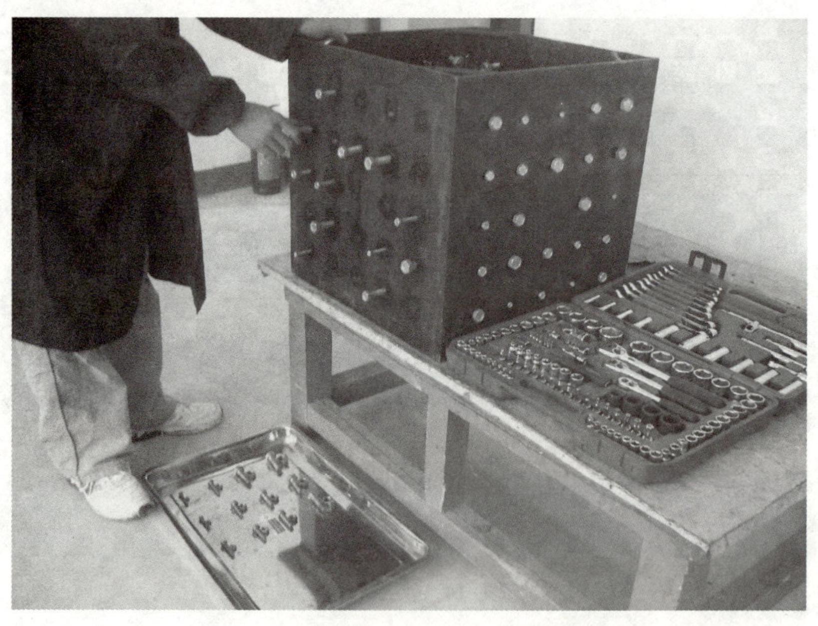

图 1-16　将螺栓、螺母装配到操作台上

（3）选择工具　利用活扳手、呆扳手、梅花扳手、套筒扳手进行装配的情况分别如图 1-17 ~ 图 1-20 所示，将螺栓、螺母拧紧，并且达到一定的拧紧力矩，直至装配完成（见图 1-21）。

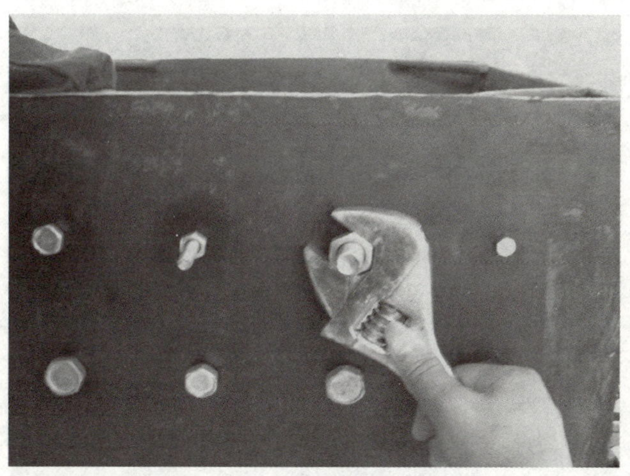

图 1-17　利用活扳手装配

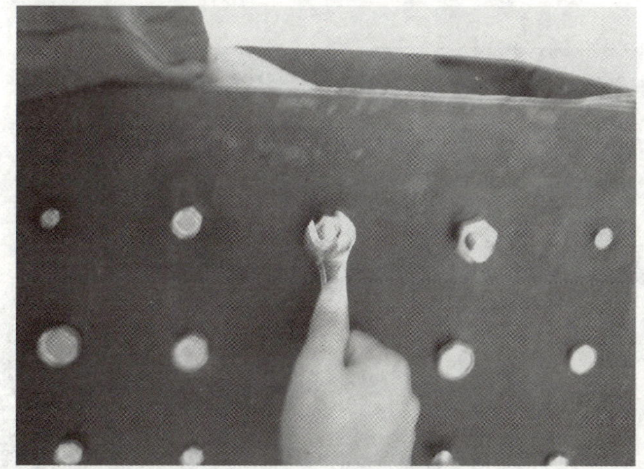

图 1-18　利用呆扳手装配

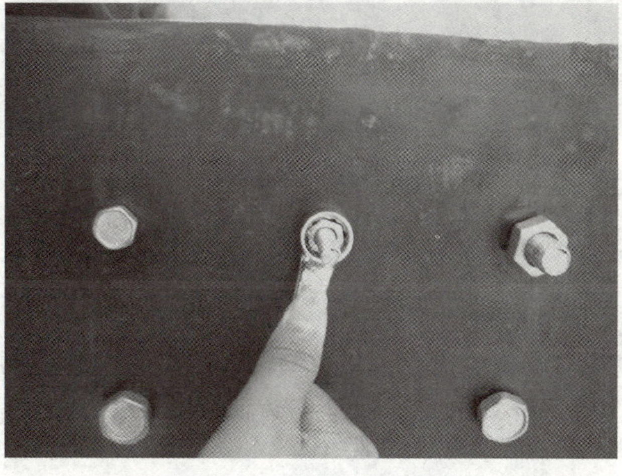

图 1-19　利用梅花扳手装配

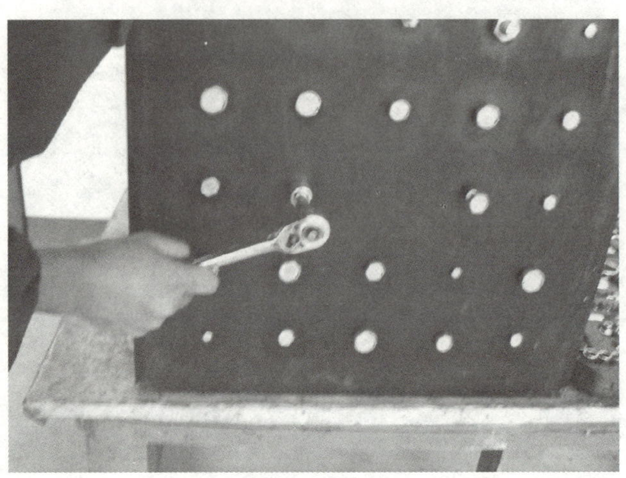

图1-20　利用套筒扳手装配

图1-21　装配完成

选择螺纹装配工具时一般应遵循以下原则：一般不用活扳手，尽量少用呆扳手，最好选用梅花扳手或套筒扳手。

（4）注意事项

1）螺栓、螺母有右旋和左旋之分，汽车上所用的螺栓、螺母一般为右旋，右旋的螺栓、螺母为顺时针方向转动是拧紧，逆时针方向转动是拧松。

2）正确选择螺栓的直径和螺纹的螺距。

3）合理、正确地使用常用的工具。

练习记录及成绩评定

评定项目	配分	评分标准	得　分
螺栓选择	20	每选错一次扣 2 分	
螺栓规格报告	20	每选错一次扣 2 分	
工具选择	15	每选错一次扣 4 分	
工具使用	20	每选错一次扣 4 分	
完成时间	15	超 1 分钟扣 3 分	
文明生产和安全生产	10	违者扣 3 分	
总　分			

你可能需要的帮助

螺纹联接的防松

联接用的螺纹一般都有自锁能力，但在冲击、振动或变载荷作用下，以及温度变化较大的场合，螺纹联接很容易发生松脱，为了确保联接可靠，必须采取有效、可靠的防松措施。

螺纹的防松装置，按其工作原理分为利用附加摩擦力防松和机械法防松两大类。

1. 利用附加摩擦力防松装置

（1）锁紧螺母防松装置（见图 1-22）　这种装置使用了主、副两个螺母，先将主螺母拧到预定位置，再拧紧副螺母。拧紧副螺母后，在主、副螺母接触面间会产生压力，使主、副螺母分别与螺杆、螺牙的两面接触并产生挤压，从而产生附加摩擦力而达到防松的目的。

（2）弹簧垫圈防松装置　这种装置使用了弹簧垫圈（见图 1-23），垫圈开有 70°～80°的斜口，并在斜面处上下拉开。弹簧垫圈防松装置的防松原理与锁紧螺母防松装置的防松原理相似，拧紧螺母时垫圈被压平，由于垫圈的弹性作用把螺母顶住，在螺母与螺杆的螺牙面间产生挤压，从而产生附加摩擦力，以达到防松的目的。同时，由于斜口楔角（注意方向）抵住了螺母和支承面，也有助于防止螺纹松脱，但裂口容易刮伤螺母和支承面。

2. 机械法防松装置

（1）开口销与带槽螺母防松装置　这种装置是把螺母直接锁在螺栓上（见图 1-24），它防松可靠，但螺杆上的销孔位置不易与螺母最佳锁紧位置相吻合。

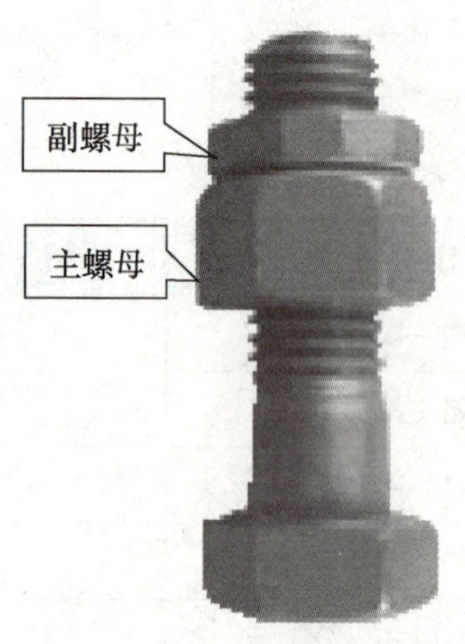

图1-22　锁紧螺母防松装置

图1-23　弹簧垫圈防松装置

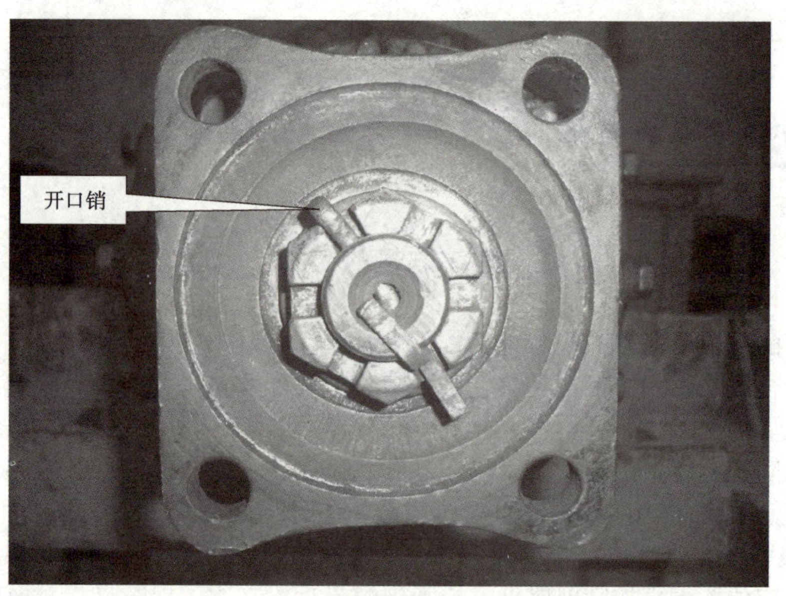

图1-24　开口销与带槽螺母防松装置

（2）止动垫圈防松装置　带耳止动垫圈可以防止六角螺母回松（见图1-25），拧紧螺母后，将垫圈的耳边弯折，与零件及螺母的边缘紧贴。

（3）串联钢丝防松装置　这种装置是用钢丝穿过螺钉头部的小孔，利用钢丝牵制作用来防止回松（见图1-26）。它适用于布置较紧凑的成组螺纹联接。

3. 点铆法防松

当螺钉或螺母拧紧后，也可用点铆的方法防松（见图1-27）。

4. 粘接法防松

粘接防松方法是依靠粘合剂将螺母与被联接件的接触面或螺母与螺栓粘接在一起来达到防松的目的。具体方法是在螺纹或螺母与被联接件的接触面上涂以厌氧粘合剂（在没有氧气的情况下才能固化），拧紧螺母后，粘合剂硬化、固着。

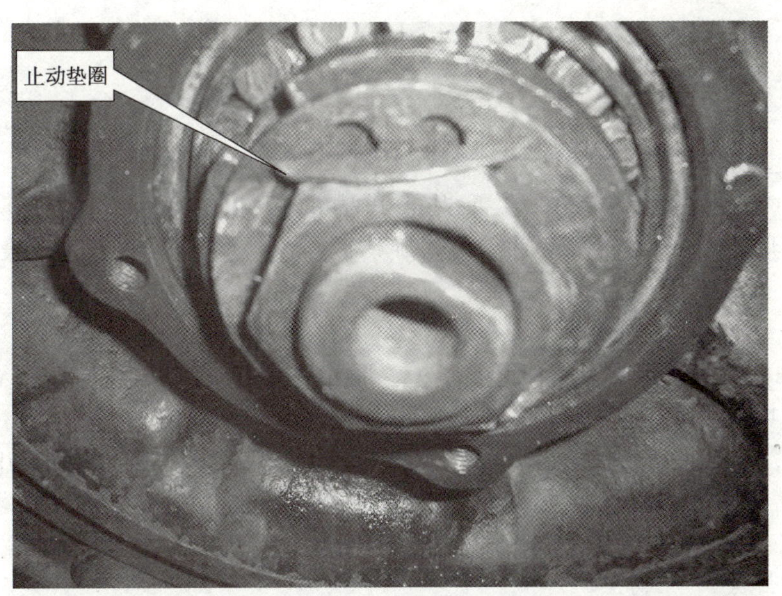

图 1-25　止动垫圈防松装置

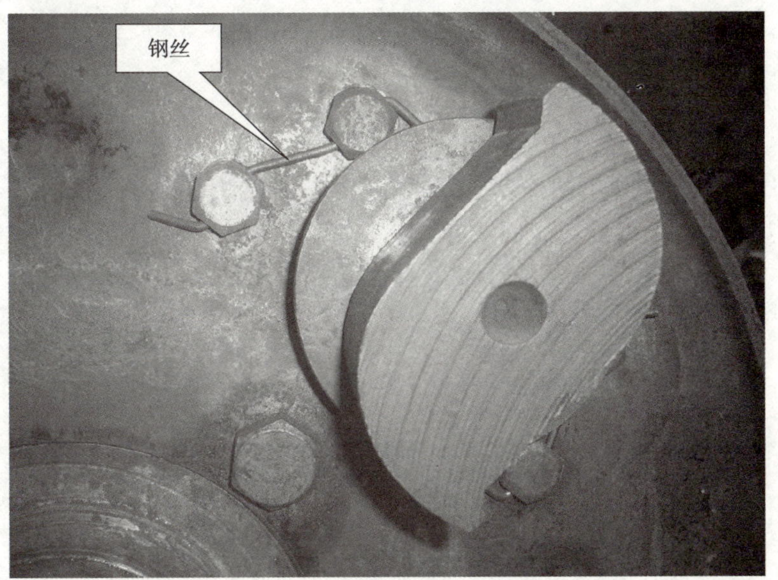

图 1-26　串联钢丝防松装置

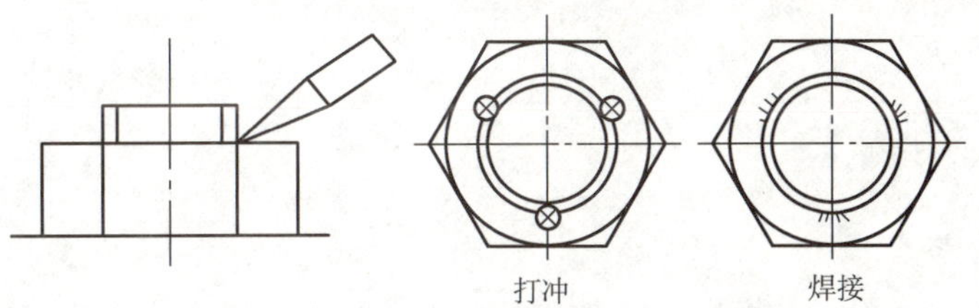

图 1-27　点铆法防松装置

想一想

一、填空题

1. 螺钉旋具主要是用来装拆头部开槽的螺钉，俗称________，主要有________形和________形两种。螺钉旋具用________部分的长度代表其规格。

2. 扳手通常有________扳手、________扳手、________扳手、________扳手、________扳手等类型。

3. 使用活扳手扳转时，应使________部分承受拉力，________ 部分承受压力，以免损坏________部分。

4. 螺栓、螺母的旋向有________和________之分，汽车上所用的螺栓、螺母一般为________，________的螺栓、螺母为________方向转动是拧紧，________方向转动是拧松。

二、简答题

1. 简述选用扳手的原则。

2. 举例说明螺纹联接的防松方法。

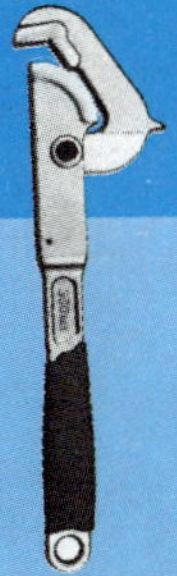

项目二

测量汽车零配件

我们的目标是

1. 知识目标：掌握游标卡尺、外径千分尺和百分表的结构及工作原理。

2. 技能目标：能熟练使用游标卡尺、外径千分尺和百分表，并能对汽车零配件进行测量。

3. 情感目标：培养学生安全规范操作的意识和精益求精的工匠精神。

着手的任务是

1. 用游标卡尺测量钢板弹簧销衬套。
2. 用外径千分尺测量曲轴连杆轴颈。
3. 用百分表测量气缸磨损。

任务一　游标卡尺测钢板弹簧销衬套的长度和内、外径

任务准备中

1. 游标卡尺的结构（见图2-1）

游标卡尺是工业上常用的测量长度的量具，其精度比较高。它可以用来测量零件的长度、宽度、深度、内径和外径等。根据分度值的不同，游标卡尺分为0.10mm、0.05mm、0.02mm等规格。按测量范围分类，游标卡尺有125mm、200mm、300mm、500mm和1000mm等几种。本任务以汽车维修中最常用的分度值为0.02mm的游标卡尺为例来讲解相关知识。

游标卡尺主要由尺身及能在尺身上滑动的游标组成。若从背面看，游标是一个整

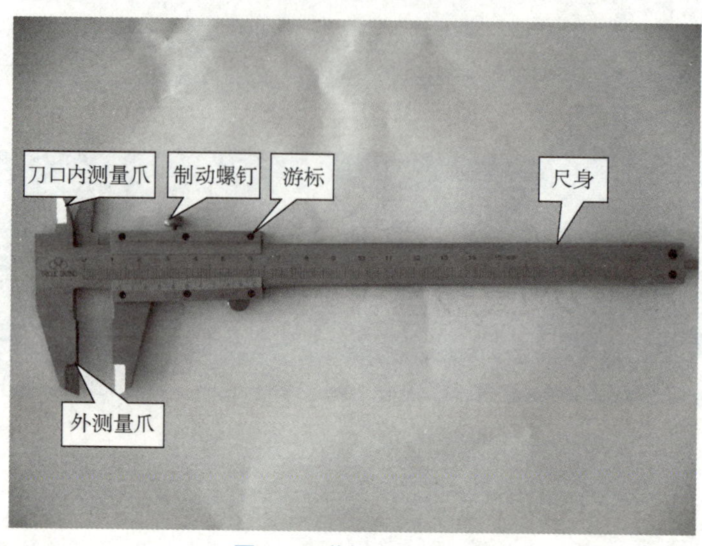

图 2-1　游标卡尺结构

体。游标与尺身之间有一弹簧片（图中未能画出），利用弹簧片的弹力使游标与尺身靠紧。游标上部有一制动螺钉，可将游标固定在尺身上的任意位置。尺身和游标都有测量爪，分为刀口内测量爪和外测量爪。利用刀口内测量爪可以测量槽的宽度和孔的内径，利用外测量爪可以测量零件的长度、厚度和管的外径。深度尺与游标连在一起，可以测量槽和孔的深度（见图 2-2）。

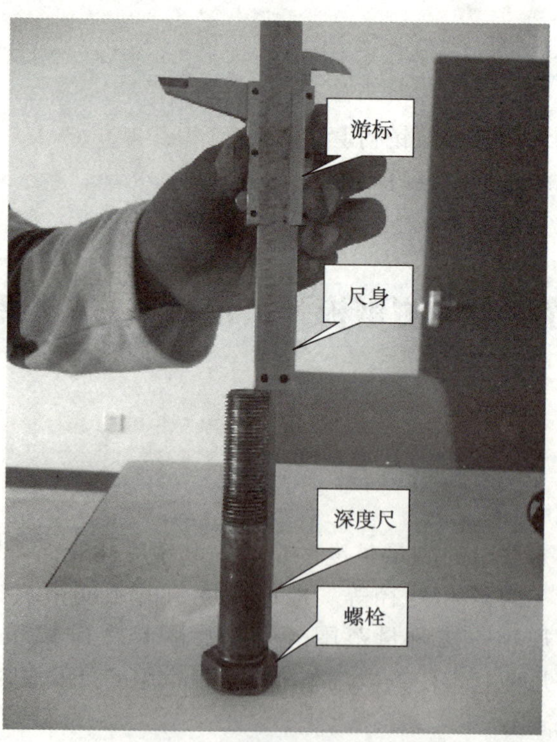

图 2-2　测量螺栓伸长量

2. 游标卡尺的使用

用软布将测量爪擦干净，使其并拢，查看游标和尺身的零刻度线是否对齐。

测量时，右手拿住尺身，大拇指移动游标，使待测物位于外测量爪之间，当与测量爪紧紧相贴时，即可读数（见图2-3）。

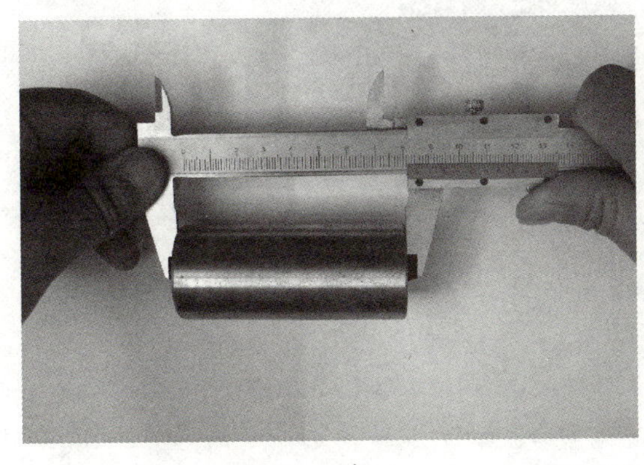

a）

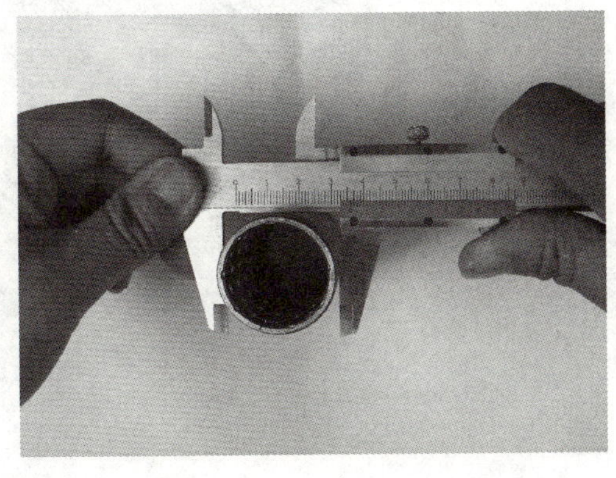

b）

图2-3　测量长度与外径

3. 游标卡尺的读数

对于分度值为0.02mm的游标卡尺，尺身上每小格为1mm，当两测量爪合拢时，游标上的50格刚好与尺身上的49mm对齐（见图2-4），尺身与游标每格差为（50－49）mm/50＝0.02mm，此差值即为1/50mm游标卡尺的测量精度。

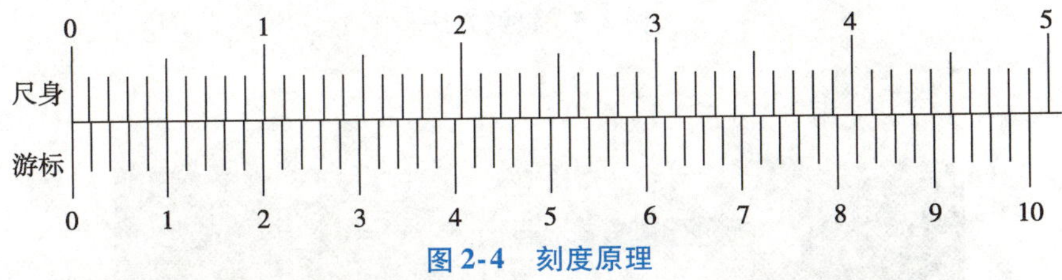

图2-4　刻度原理

图2-5a所示刻度的读数方法为：

1）读出游标零线左面尺身上的读数：27mm。

2）读出游标上哪一条刻线与尺身刻线对齐：游标第47格与尺身对齐，即读数为47×0.02mm。

3）把尺身上的读数和游标上的尺寸读数相加，即为测得的尺寸：27mm＋47×0.02mm＝27.94mm。

工作中

1. 操作步骤

1）测量钢板弹簧销衬套的长度时，应使钢板弹簧销衬套的轴线与尺身平行（见图2-6），要求在不同部位测量四次。

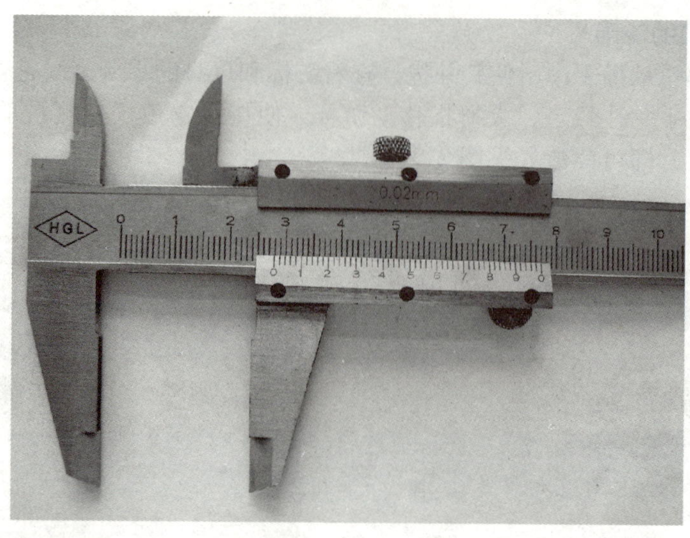

a）

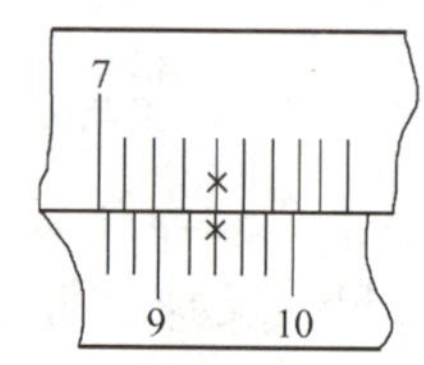

读数为：27.94mm

b）

图 2-5　读数方法

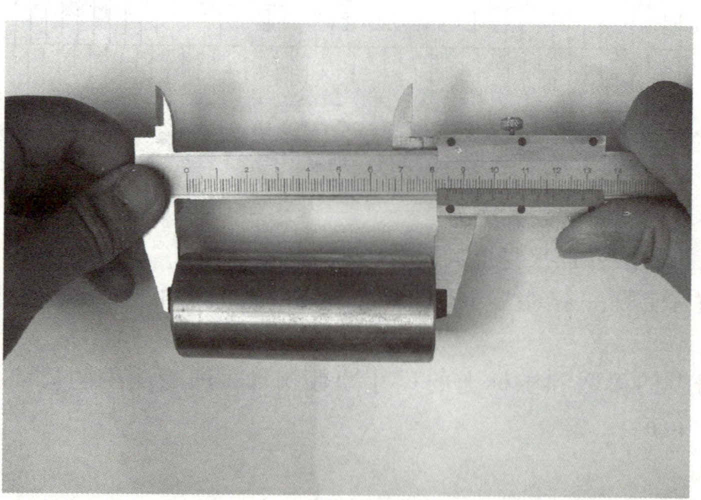

图 2-6　测量长度

2）测量钢板弹簧销衬套的内、外径时，先在其一端沿两个相互垂直的方向进行测量，如图 2-7a、b 所示，然后在另一端作同样测量，这样可以得到四个值。测量内径时，应使刀口内测量爪所在平面与钢板弹簧销衬套的直径重合（见图 2-7a）；测量外径

时，应注意使钢板弹簧销衬套的轴线与尺身垂直（见图2-7b）。

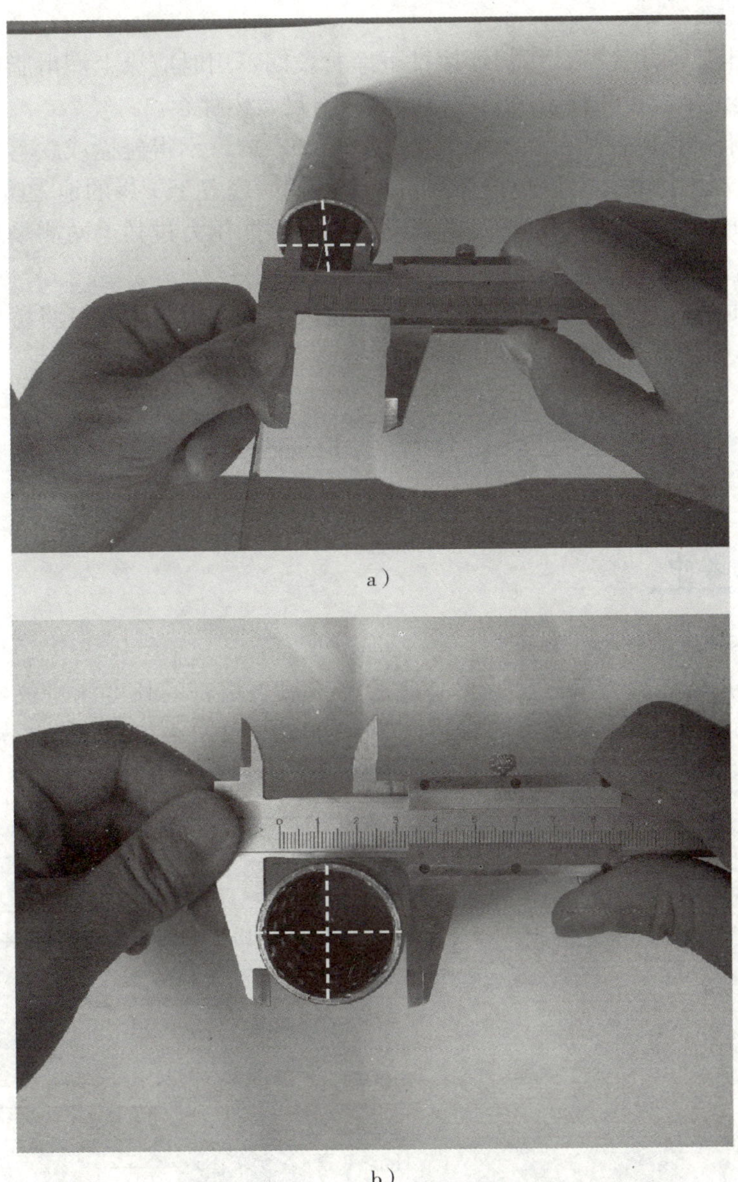

a）

b）

图2-7　测量内、外径

a）测量内径　b）测量外径

3）计算圆度误差：测得的同一端面外径的最大值与最小值之差的一半，即为该端面的圆度误差。

4）计算圆柱度误差：测得的内径的最大值与最小值之差的一半，即为该钢板弹簧销衬套的内圆柱度误差。测得的外径最大值与最小值之差的一半，即为该钢板弹簧销衬套的外圆柱度误差。

5）结论需对照测量结果和有关技术标准进行分析。

2. 注意事项

1）游标卡尺使用完毕，用棉纱擦拭干净。长期不用时应涂上润滑脂或全损耗系统用油，将两测量爪合拢并拧紧制动螺钉，放入卡尺盒内保存。

2）游标卡尺是比较精密的测量工具，要轻拿轻放，不得碰撞或跌落地下。使用时不要用来测量粗糙的物体，以免损坏测量爪，不用时应置于干燥的地方防止其锈蚀。

3）测量时，应先拧松制动螺钉，移动游标时不能用力过猛。两测量爪与待测物的接触不宜过紧，也不能使被夹紧的物体在量爪内挪动。

4）读数时，视线应与尺面垂直。如需固定读数，可用制动螺钉将游标固定在尺身上，以防止其滑动。

任务二 外径千分尺测曲轴连杆轴颈的磨损

任务准备中

1. 外径千分尺的结构

外径千分尺常简称为千分尺，它是比游标卡尺更精密的长度测量仪器，主要的规格有0～25mm、25～50mm、50～75mm、75～100mm、100～125mm等。常见的一种外径千分尺如图2-8所示，它的量程是75～100mm，分度值是0.01mm。

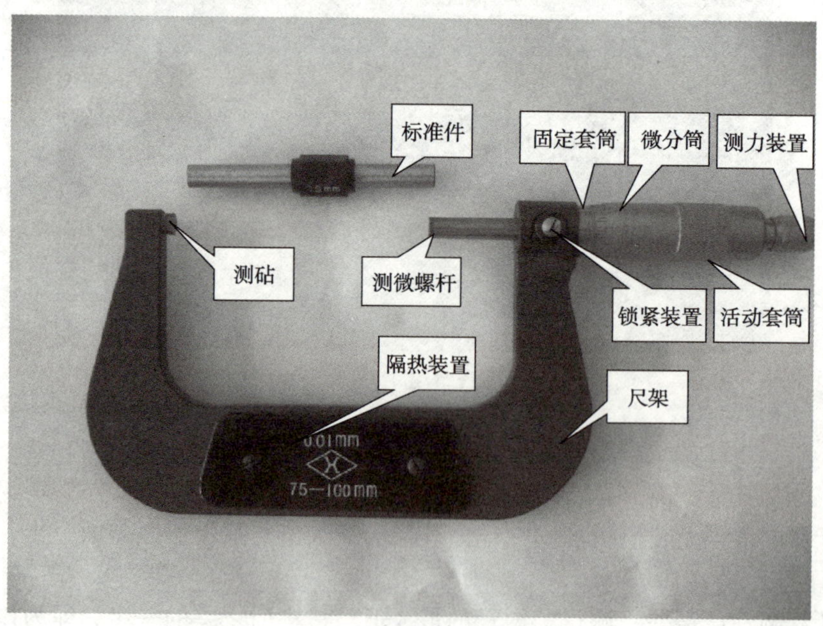

图2-8 外径千分尺的结构

外径千分尺由固定的尺架、测砧、测微螺杆、固定套筒、微分筒、活动套筒、测

力装置、锁紧装置等组成。固定套筒上有一条水平线，这条线的上、下各有一列间距为1mm的刻度线，上面的刻度线恰好在下面两相邻刻度线中间。微分筒上的刻度线是将圆周分为50等分的水平线，它是旋转运动的。

根据螺旋运动原理，当微分筒旋转一周时，测微螺杆前进或后退一个螺距——0.5mm。这样，当微分筒旋转一个分度时，即转过了1/50周，这时螺杆沿轴线移动了$1/50 \times 0.5\text{mm} = 0.01\text{mm}$。因此，使用千分尺可以准确地读出0.01mm的数值。

2. 外径千分尺的使用

使用千分尺前，先要检查其零位是否校准，应先松开锁紧装置，清除油污，特别是要将测砧与测微螺杆间的接触面清洗干净。检查微分筒的端面是否与固定套筒上的零线重合，若不重合应先旋转活动套筒，直至螺杆接近测砧时，旋转测力装置，当螺杆刚好与测砧接触时会听到"喀喀"声，这时停止转动。若两零线仍不重合㊀，可将固定套筒上的小螺钉松动，用专用扳手调节固定套管的位置，使两零线对齐，再把小螺钉拧紧（见图2-9）。不同厂家生产的千分尺的调零方法不一样，这里介绍的仅是其中一种调零的方法。

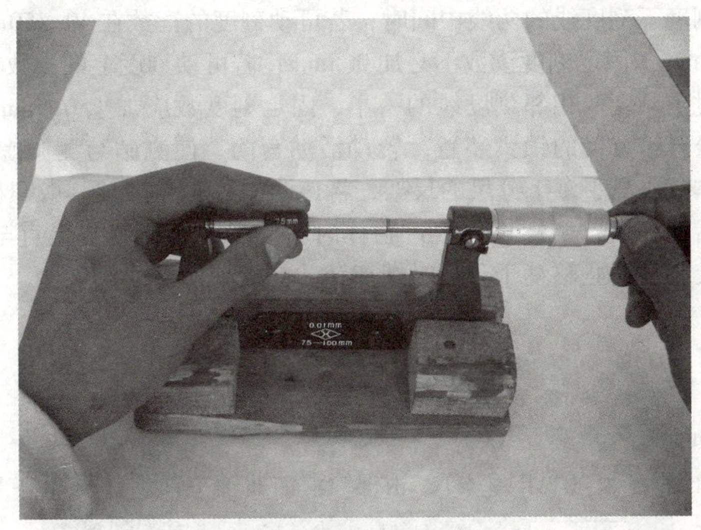

图2-9 校正外径千分尺

检查外径千分尺零位是否校准时，要使测微螺杆和测砧接触，偶尔会发生逆时针方向旋转测力装置而两者不分离的情形。这时，可用左手手心用力顶住尺架上测砧的左侧，右手手心顶住测力装置，再用手指沿逆时针方向旋转活动套筒，以使测微螺杆和测砧分开。

3. 外径千分尺的读数

读数时，先以微分筒的端面为准线，读出固定套筒下刻度线的数值（只读出以毫米为单位的整数），再以固定套筒上的水平横线作为读数准线，读出微分筒上可动刻度的数值，读数时应估读到最小刻度的1/10，即0.001mm。如果微分筒的端面与固定套筒刻度的下刻度线之间无上刻度线，则测量结果即为下刻度线的数值加上可动刻度的

㊀ 两零线重合的标志：微分筒的端面与固定刻度的零线重合，且可动刻度的零线与固定刻度的水平横线重合。

值，如图2-10所示，读数为8.38mm；若微分筒端面与下刻度线之间有一条上刻度线，则测量结果应为下刻度线的数值加上0.5mm，再加上可动刻度的值，如图2-11所示，读数为7.923mm。

图2-10　读数（一）　　图2-11　读数（二）

有的千分尺的可动刻度分为100等分，螺距为1mm，其固定刻度上不需要0.5mm，可动刻度的每一等分仍表示0.01mm；有的千分尺的可动刻度为50等分，而固定刻度上无0.5mm刻度，只能用眼进行估计。对于已消除零误差的千分尺，当微分筒的前端面恰好在固定刻度下刻度线的两线中间时，若可动刻度的读数在40~50mm之间，则其前沿未超过0.5mm，固定刻度读数不必加0.5mm；若可动刻度上的读数在0~10之间，则其前端已超过下刻度两相邻刻度线的一半，固定刻度数应加上0.5mm。测量前将被测物擦干净，松开千分尺的锁紧装置，转动活动套筒，使测砧与测微螺杆之间的距离略大于被测物体。一只手拿千分尺的尺架，将待测物置于测砧与测微螺杆的端面之间，另一只手转动活动套筒，当螺杆要接近物体时，改为旋转测力装置直至听到“喀喀”声。旋紧锁紧装置（防止移动千分尺时螺杆转动）后，即可读数。

工作中

1. 任务的具体操作步骤

1）校验外径千分尺（见图2-9），用棉纱清洁曲轴主轴颈（见图2-12）。

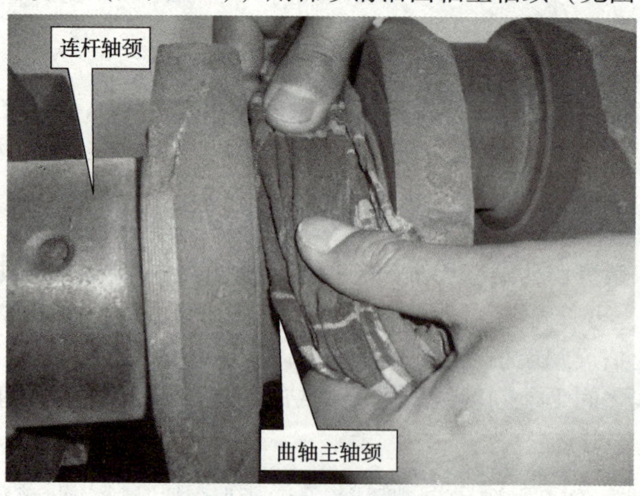

图2-12　清洁曲轴主轴颈

2）在每一道曲轴主轴颈两侧，分别选取两个截面Ⅰ—Ⅰ和Ⅱ—Ⅱ（见图2-13a），在每个截面上选择与曲轴平行和垂直的两个方向 *A—A*（见图2-13b）和 *B—B*（见图2-13c），用外径千分尺进行测量。

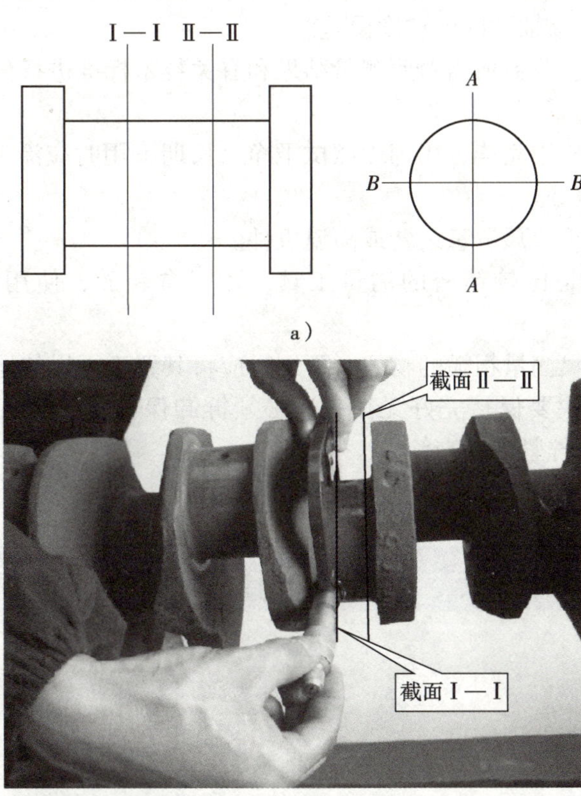

a）

b）

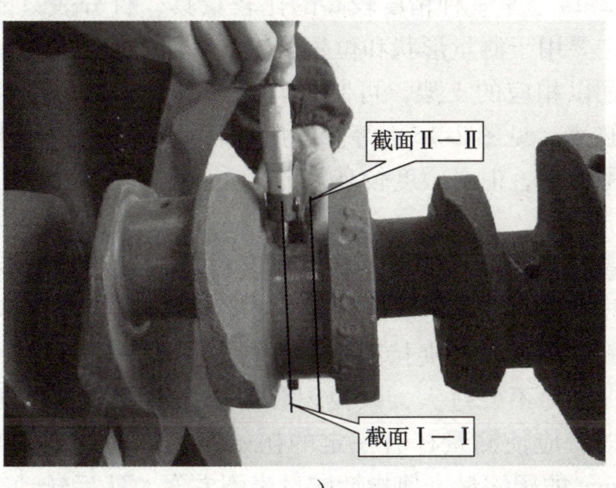

c）

图2-13　测量曲轴主轴颈

a）测量位置示意图　b）*A—A* 方向测量　c）*B—B* 方向测量

3）计算圆度误差：同一截面上测得的最大值与最小值之差的一半，即为该截面的圆度误差。

4）计算圆柱度误差：同一轴颈处Ⅰ—Ⅰ和Ⅱ—Ⅱ两个截面上测得的最大值与最小值之差的一半，即为该轴颈的圆柱度误差。

5）最大磨损位置及数值需对照测量结果和有关技术标准进行分析。

2. 注意事项

1）外径千分尺使用完毕，用棉纱擦拭干净。长期不用时应涂上润滑脂或全损耗系统用油，放入盒内盖好。

2）禁止用外径千分尺测量运转或高温机件。

3）外径千分尺是比较精密的测量工具，要轻拿轻放，使用时不得碰撞或跌落地下。

4）不要用千分尺测量粗糙的物体，不用时应将其置于干燥的地方以防止锈蚀。

5）校正棒或量块要保持完好无损，当必须拆卸保养时，应特别注意其螺纹的防碰。使用时不可用力拧紧活动套筒。

6）严禁将千分尺当卡规用，或当锤子敲击他物等。

任务三　百分表测量气缸的磨损

任务准备中

1. 百分表的结构

百分表（见图2-14）是一种精度较高的比较量具，百分表只能测出相对数值，不能测出绝对数值，主要用于测量形状和位置误差。百分表的分度值为0.01mm，改变百分表的测头形状并配以相应的支架，可制成其变形品种，如厚度百分表、深度百分表和内径百分表（量缸表，见图2-15）等。如用杠杆代替百分表的齿条，则可制成杠杆百分表，其示值范围较小，但灵敏度较高。

2. 百分表的使用

使用前，应检查测量杆活动的灵活性，即轻轻推动测量杆时，其在套筒内的移动要灵活，没有任何轧卡现象，且每次放松后，指针能回复到原来的刻度位置。使用百分表时，必须把它固定在可靠的夹持架上，夹持架要安放平稳，以免使测量结果不准确或摔坏百分表。夹紧力不要过大，以免因套筒变形而使测量杆活动不灵活。用百分表找正或测量零件时，应使测量杆有一定的初始测力，即在测头与零件表面接触时，测量杆应有0.3～1mm的压缩量，使指针转过半圈左右，然后转动表圈，使表盘的零线对准指针。测量时，不要使测量杆的行程超过它的测量范围；不要使测头突然撞在零件上；不要使百分表和千分表受到剧烈的振动和撞击，也不要把零件强行推入测头下，以免损坏百分表或千分表的机件而使其失去精度。

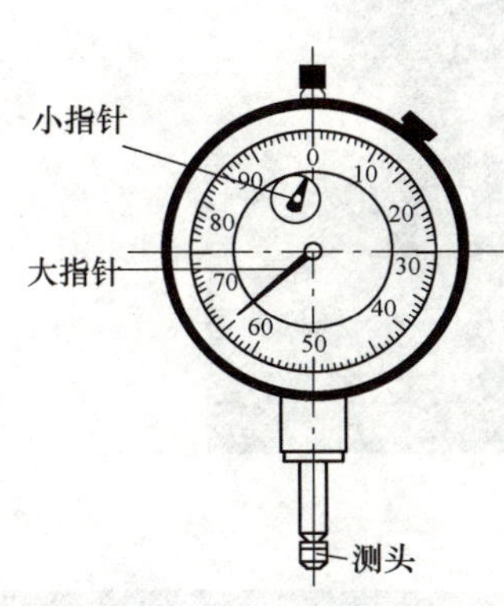

图 2-14　百分表

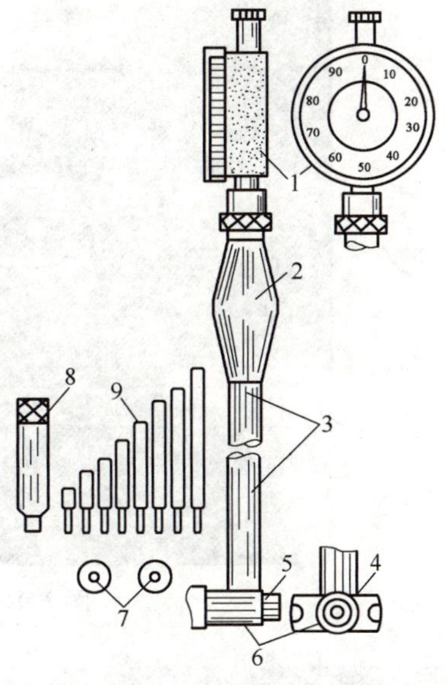

图 2-15　量缸表

1—百分表　2—绝缘套　3—表杆　4—活动测头　5—接杆座　6—支承架　7—固定螺母　8—加长接杆　9—接杆

3. 百分表的读数

百分表的表盘刻度一般分为 100 格，当测头每移动 0.01mm 时，大指针偏转 1 格（表示 0.01mm）；当大指针旋转 1 圈时，小指针偏转 1 格（表示 1mm）。指针的偏转量就是被测零件（工件）的实际偏差或间隙值。

工作中

1. 估测缸径

使用游标卡尺直接测量气缸的内径（见图 2-16），如果缸径已知，则这一步可以省略。

2. 安装、校对量缸表

1）按被测气缸的标准尺寸选择合适的接杆，装上接杆后暂时不拧紧固定螺母（见图 2-17）。

2）校正外径千分尺（见图 2-9）。

3）把外径千分尺调到被测气缸的标准尺寸，将装好的量缸表放入千分尺（见图 2-18）。

4）稍微旋动接杆，使量缸表的指针转动约 2mm，使其对准零线（见图 2-19），然后扭紧接杆的固定螺母。为保证测量正确，应重复校零一次。

3. 测量方法

1）使用量缸表，一手拿住隔热套，另一只托住管子下部靠近本体的地方，将量缸表伸入气缸中（见图 2-20）。

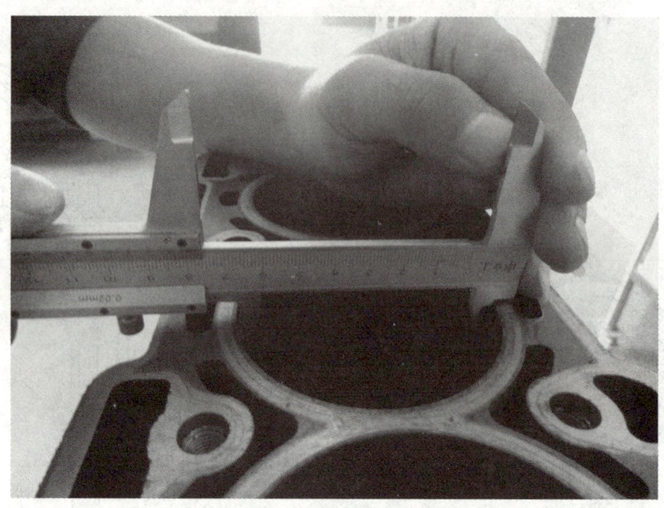

图 2-16 测量气缸内径

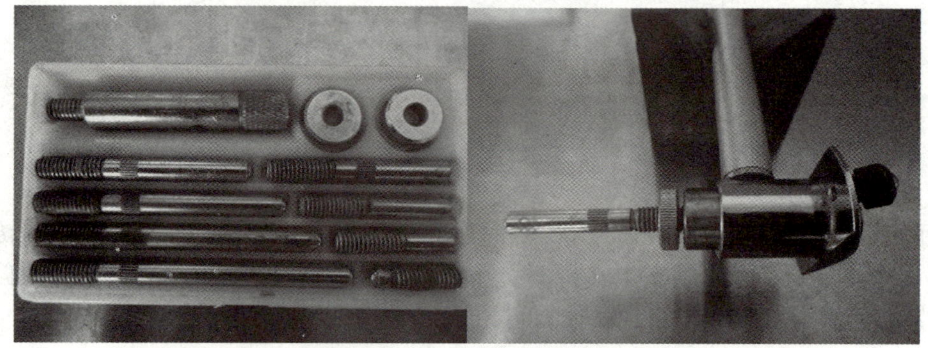

图 2-17 选择合适的接杆

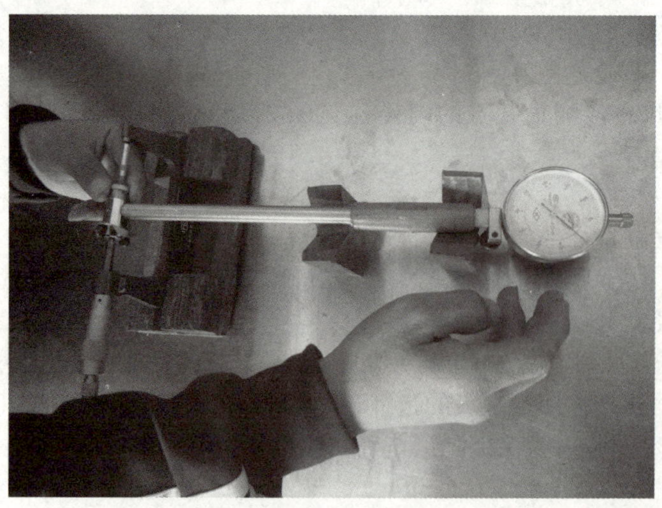

图 2-18 将量缸表放入千分尺

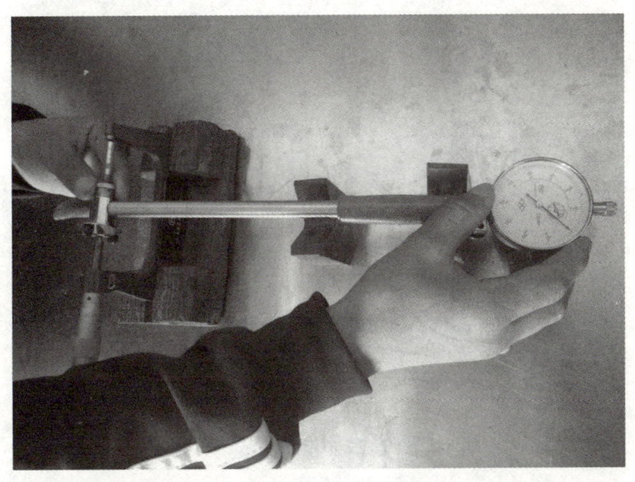

图 2-19　百分表校零

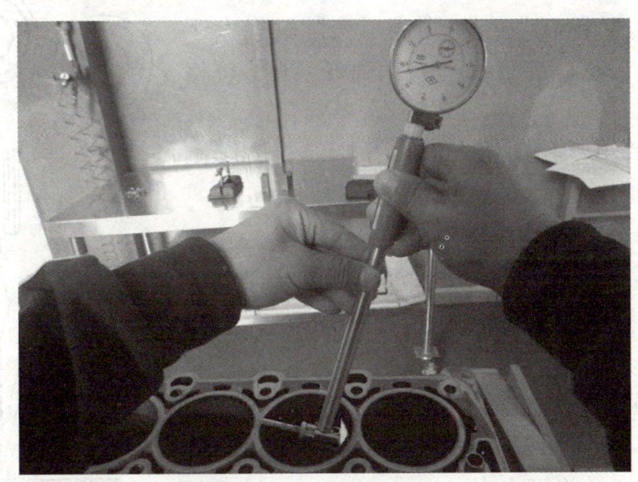

图 2-20　将量缸表伸入气缸

2）用校零后量缸表的活动测量杆，在平行和垂直于曲轴轴线方向，沿气缸轴线方向上、中、下取三个位置（见图 2-21），共测六个数值。上面一个位置一般定在活塞在上止点时，位于第一道活塞环的气缸壁处，约距气缸上端 10mm；下面一个位置一般取在气缸套下端以上约 10mm 处，该部位的磨损最小。

3）测量时，使量缸表的活动测量杆与气缸的轴线保持垂直，这样才能测量准确。当前后摆动量缸表（见图 2-22），表针指示到最小数字时，即表示活动测量杆已垂直于气缸轴线。

4. 读数

1）百分表表盘刻度为 100 格，大指针在表盘上转动一格为 0.01 mm，转动一圈为 1mm；小指针移动一格为 1 mm。

2）测量时，当表针沿顺时针方向离开“0”位时，表示实际缸径小于标准尺寸的

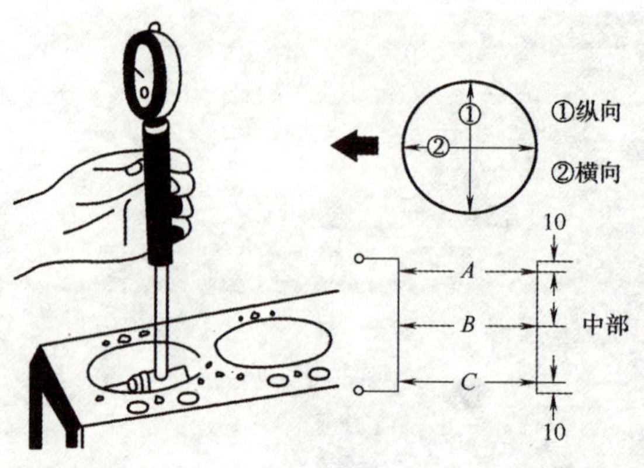

图 2-21　测量位置

缸径，它是标准缸径与表针离开“0”位格数的差；若表针沿逆时针方向离开“0”位，则表示实际缸径大于标准尺寸的缸径，它是标准缸径与表针离开“0”位格数之和。

3）测量时，若小针移动超过1mm，则应在实际测量值中加上或减去1mm。

5. 计算圆度误差和圆柱度误差

（1）圆度误差　圆度误差是指同一截面上磨损的不均匀性。用同一横截面上沿不同方向测得的最大值与最小值差值之半作为圆度误差。

（2）圆柱度误差　圆柱度误差是指气缸轴线截面上磨损的不均匀性。其数值是被测气缸表面任意方向所测得的最大与最小直径差值之半。

6. 注意事项

（1）使用百分表时的注意事项

1）测量杆轴线应与被测工件表面垂直，否则会影响测量精度。

2）百分表使用完毕后，应卸除其他组合件，用干净的软布将其表面擦拭干净，并在金属表面涂抹一层工业凡士林，然后将百分表水平地放入盒内，严禁重压。

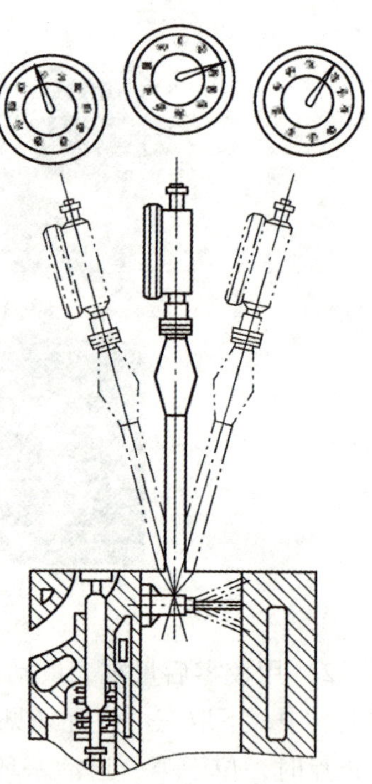

图 2-22　量缸表的使用方法

（2）使用量缸表时的注意事项

1）测量时，应使测量杆与气缸轴线垂直。具体测量时，在每个测点上，应左右略微摆动量缸表，表针指示最小值时的读数是该点的正确读数。

2）要把量缸表从孔内取出或放入时，或测量过程中需要移动测量杆的位置与方向时，均需要将表稍加倾斜，使得测头恢复到自由状态，以减小移动过程中测头的

磨损。

3）测量完毕后，要把量缸表和其他组合件擦净，涂好防锈油后放入盒内保管。

练习记录及成绩评定

任务一　钢板弹簧销衬套的长度和内、外径检测报告

长度/mm	外径/mm			内径/mm		
	外径数值	圆度误差	圆柱度误差	内径数值	圆度误差	圆柱度误差
结论						

任务二　曲轴连杆轴颈的磨损检测报告

轴　颈	Ⅰ—Ⅰ截面			Ⅱ—Ⅱ截面			整 个 轴 颈	
	最大值/mm	最小值/mm	圆度误差/mm	最大值/mm	最小值/mm	圆度误差/mm	圆度误差/mm	圆柱度误差/mm
第一道								
第二道								
第三道								
第四道								
第五道								
第六道								
最大磨损位置及数值								

项目二　测量汽车零配件成绩评定表（一）

评 定 项 目		配　　分	评 分 标 准	得　　分
钢板弹簧销衬套检测	量具校验	5	未校验扣 5 分	
	衬套清洁	5	未清洁扣 5 分	
	测量位置	10	测量位置不对每次扣 5 分	
	测量工艺	10	测量方法不对每次扣 5 分	
	计算	10	读数每错一次扣 5 分，计算每错一次扣 5 分	

（续）

<table>
<tr><th colspan="2">评定项目</th><th>配　分</th><th>评分标准</th><th>得　分</th></tr>
<tr><td rowspan="5">曲轴连杆轴颈检测</td><td>量具校验</td><td>5</td><td>未校验扣5分</td><td></td></tr>
<tr><td>轴颈清洁</td><td>5</td><td>未清洁扣5分</td><td></td></tr>
<tr><td>测量位置</td><td>15</td><td>测量位置不对每次扣5分</td><td></td></tr>
<tr><td>测量工艺</td><td>10</td><td>测量方法不对每次扣5分</td><td></td></tr>
<tr><td>计算结论</td><td>15</td><td>读数每错一次扣5分，计算每错一次扣5分</td><td></td></tr>
<tr><td colspan="2">安全文明</td><td>10</td><td>酌情扣分</td><td></td></tr>
<tr><td colspan="4">总　分</td><td></td></tr>
</table>

项目二　测量汽车零部件成绩评定表（二）

<table>
<tr><th colspan="2">评定项目</th><th colspan="4">气缸的磨损</th></tr>
<tr><th>工　具</th><th>操作步骤</th><th>注意事项</th><th>配　分</th><th>评分标准</th><th>得分</th></tr>
<tr><td rowspan="4">量缸表</td><td>1. 清洁量具</td><td rowspan="6">1. 测量时应前后摇动量缸表，使测量杆垂直于气缸轴线
2. 当前后摆动量缸表，指针指示最小值时，即表示测量杆已垂直于气缸轴线</td><td>5</td><td>未清洁量具不得分</td><td></td></tr>
<tr><td>2. 校正千分尺并调整标准值或记录下误差</td><td>5</td><td>没有检查量具扣5分；检查量具但未校正或记录有误扣3分</td><td></td></tr>
<tr><td>3. 将气缸擦拭干净</td><td>5</td><td>未清洁气缸不得分</td><td></td></tr>
<tr><td>4. 将表盘转入表杆上部，使表盘正面与下端活动测量杆在同一平面内，在百分表测头抵住杠杆，大表盘指针稍有转动后，固定夹紧螺钉</td><td>5</td><td>量缸表安装不正确不得分</td><td></td></tr>
<tr><td rowspan="2">外径千分尺</td><td>5. 根据需要测量的气缸直径，选择长度合适的接杆装上固定螺钉，将接杆装在表杆下部的接杆座上</td><td>10</td><td>连接接杆不正确没固定螺钉不得分</td><td></td></tr>
<tr><td>6. 将量缸表的活动测量杆垂直放入气缸，调整接杆长度，观察大表盘指针压缩1～1.5圈后，拧紧接杆上的固定螺钉</td><td>10</td><td>调整接杆不正确不得分</td><td></td></tr>
</table>

（续）

评定项目		气缸的磨损			
工具	操作步骤	注意事项	配分	评分标准	得分
外径千分尺	7. 根据发动机气缸的标准缸径，在千分尺上调整并用手柄固定，再将量缸表的活动测量杆在千分尺上调整，并将活动表盘对“0”	3. 要轻轻摆动和慢慢移动量缸表，测量后要轻轻从气缸内移出量缸表，严禁快速移动或用力摆动	10	测量误差应小于0.01mm，若大于0.01mm则每大于0.01mm扣3分	
	8. 沿气缸轴向上、中、下三个方向测量，其中上部、下部分别距缸沿各10mm，每点按曲轴轴向Y轴和推力方向X轴测量两次，其值与标准尺寸的最大偏差不大于0.01mm，测量并记录相应数据	4. 注意工具、设备、零件不要跌落在地面上	50	测量方法不正确扣10分	
				测量部位不正确一处扣5分	
				测量中未计算量具误差扣5分	
				量具、工具、机件落地一次扣5分	
	9. 测量完毕，拆下量缸表和接杆，将千分尺的测轴调至合适位置，然后分别装入盒内	5. 使用完毕后擦拭干净，放入盒内妥善保管		量具使用完毕后，未擦拭并放入盒内一处扣5分	
				超时每分钟扣2分	

任务三　气缸的磨损检测报告

千分尺校正前读数		量缸表测量杆长度			圆柱度误差/mm
气缸	位置号	直径1（纵向）/mm	直径2（横向）/mm	圆度误差/mm	
1	位置1（上部）				
	位置2（中部）				
	位置3（下部）				
2	位置1（上部）				
	位置2（中部）				
	位置3（下部）				
3	位置1（上部）				
	位置2（中部）				
	位置3（下部）				
4	位置1（上部）				
	位置2（中部）				
	位置3（下部）				

你可能需要的帮助

发动机曲轴圆度误差的检测

发动机（科鲁兹1.6LED发动机）曲轴圆度误差的检测步骤如下：

1）将曲轴插入发动机气缸中（见图2-23）。

图2-23 将曲轴插入发动机气缸中

2）将百分表安装到磁性表座上（见图2-24），使百分表吸盘紧靠曲轴轴颈放置并进行调零（见图2-25）。

图2-24 安装百分表

3）检测曲轴的圆度误差。平稳地转动曲轴，旋转间隙不得超过0.03mm。

图 2-25　百分表调零

4）将测量数据记录到下表中。

5）拆下磁性表座和百分表。

曲轴圆度误差检测记录表

项目 / 测量结果	曲轴圆度误差
测量值/mm	
结果判断及处理	

想一想

一、填空题

1. 游标卡尺是工业上常用的测量＿＿＿＿＿的量具，其精度比较高，它可以测量零件的＿＿＿＿＿、＿＿＿＿＿、＿＿＿＿＿和深度等。

2. 游标卡尺的常用分度值为＿＿＿＿＿＿＿＿、0.05mm 和＿＿＿＿＿＿＿＿。

3. 外径千分尺由固定的尺架、测砧、＿＿＿＿＿、＿＿＿＿＿、＿＿＿＿＿、活动套筒、＿＿＿＿＿和锁紧装置等组成。

4. 千分尺是一种精密量具，其测量精度比游标卡尺高，而且比较＿＿＿＿＿，用来测量加工＿＿＿＿＿要求较高的工件尺寸。一般外径千分尺的分度值是＿＿＿＿＿mm，读数保留＿＿＿＿＿位小数。

5. 某一测量范围为 0～25mm 的外径千分尺，当活动测量杆与测头可靠接触时，其读数为 0.030mm。用此千分尺测量工件直径时，若得到的读数为 19.765mm，则该工件的实际尺寸为＿＿＿＿＿。

6. 分度值为0.02mm的游标卡尺，当游标上的第8格刻线对齐尺身刻线时，游标卡尺小数部分的读数应为________________mm。

7. 分度值为0.01mm的外径千分尺的微分筒旋转一周时，测微螺杆推进__________mm。

8. 同一截面上测得的最大值与最小值之差的一半，即为该截面的__________误差。

9. 百分表是一种精度较高的比较量具，它只能测出__________数值，不能测出__________数值，主要用于测量__________和__________误差，也可用于机床上安装工件时的__________。

10. 改变百分表的测头形状并配以相应的支架，可制成其变形品种，如__________百分表、深度百分表和__________百分表。

11. 百分表的表盘刻度一般分为100格，测头每移动0.01mm，大指针偏转__________格（表示0.01mm）；当大指针旋转______圈时，小指针偏转1格（表示1mm）。指针的偏转量就是被测零件（工件）的实际偏差或间隙值。

二、简答题

1. 简述分度值为0.02mm的游标卡尺的读数原理。

2. 简述使用外径千分尺时的注意事项。

3. 简述外径千分尺的读数原理。

4. 简述使用量缸表时的注意事项。

三、读图题

将图 2-26 中各部件的名称填入相应序号的横线上。

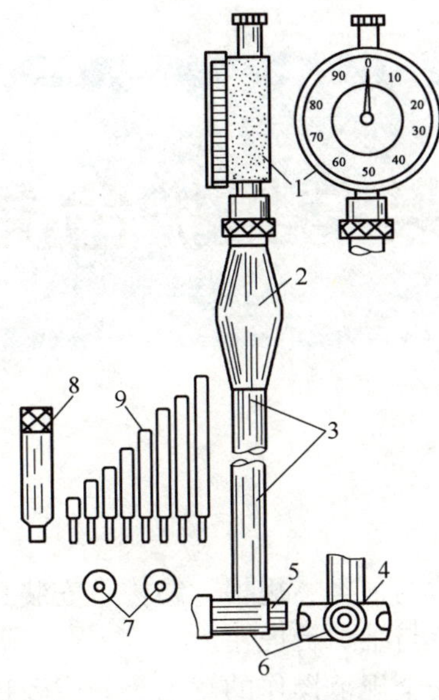

图 2-26　读图题

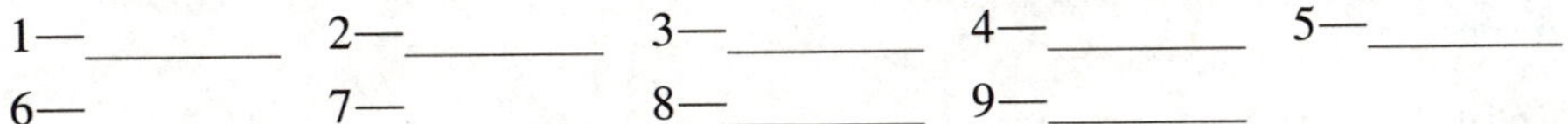

1—________　2—________　3—________　4—________　5—________

6—________　7—________　8—________　9—________

项目三

拆装与维护台虎钳

我们的目标是

1. 知识目标：掌握台虎钳的种类、规格、结构、安装高度等基本知识。
2. 技能目标：能熟练拆装与维护台虎钳。
3. 情感目标：培养学生安全规范操作的意识，养成爱护设备的职业习惯。

着手的任务是

台虎钳的拆装与维护。

任务准备中

钳台又称钳桌（见图3-1），是钳工专用的工作台，用于安装台虎钳及放置工件、

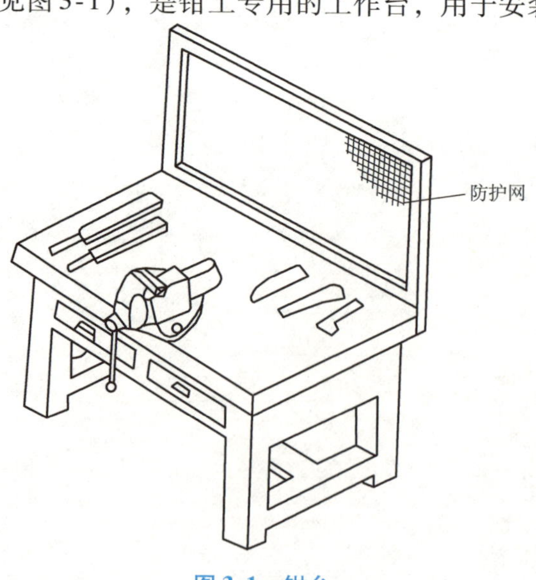

图3-1 钳台

工具。

台虎钳（见图3-2）是装置在工作台上，用来夹持加工工件的通用夹具。台虎钳有固定式和回转式两种结构类型，其结构分别如图3-3a、b所示。回转式台虎钳的钳体可以旋转，可使工件旋转到合适的工作位置。

图3-2 台虎钳实物图

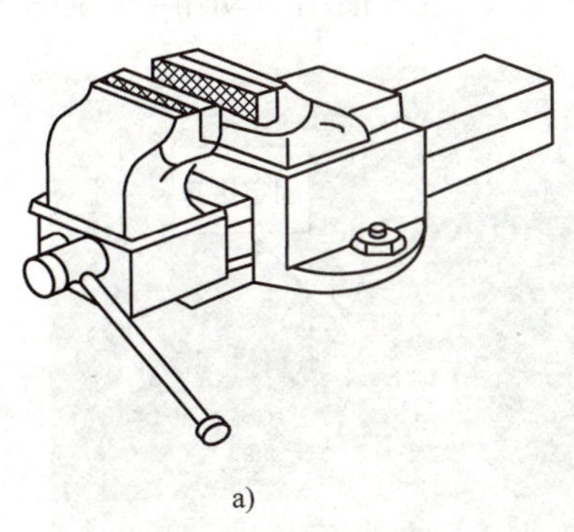

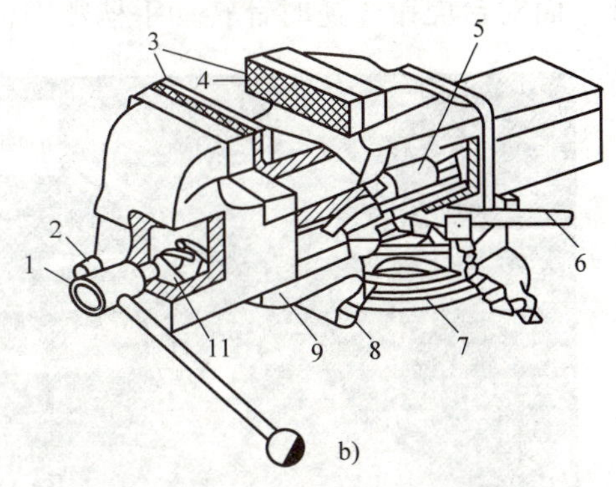

a) b)

图3-3 台虎钳结构图

a）固定式 b）回转式

1—螺杆 2—手柄 3—钳口 4—螺钉 5—固定螺母 6—手柄 7—夹紧盘 8—转盘座 9—固定钳身 11—活动钳身

台虎钳的规格以钳口的宽度来表示，通常有100mm、125mm、150mm等几种。

台虎钳的安装高度为800～900mm，台虎钳装上后，其钳口高度以恰好与人的手肘平齐为宜（见图3-4）；长度和宽度随工作需要而定。

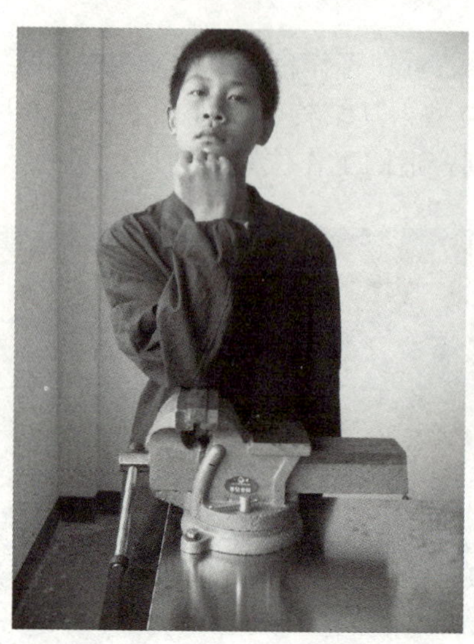

图 3-4　钳口高度

工作中

1. 拆卸

1）面对台虎钳，逆时针转动手柄数圈(见图3-5)，然后抽出活动钳身(见图3-6)。

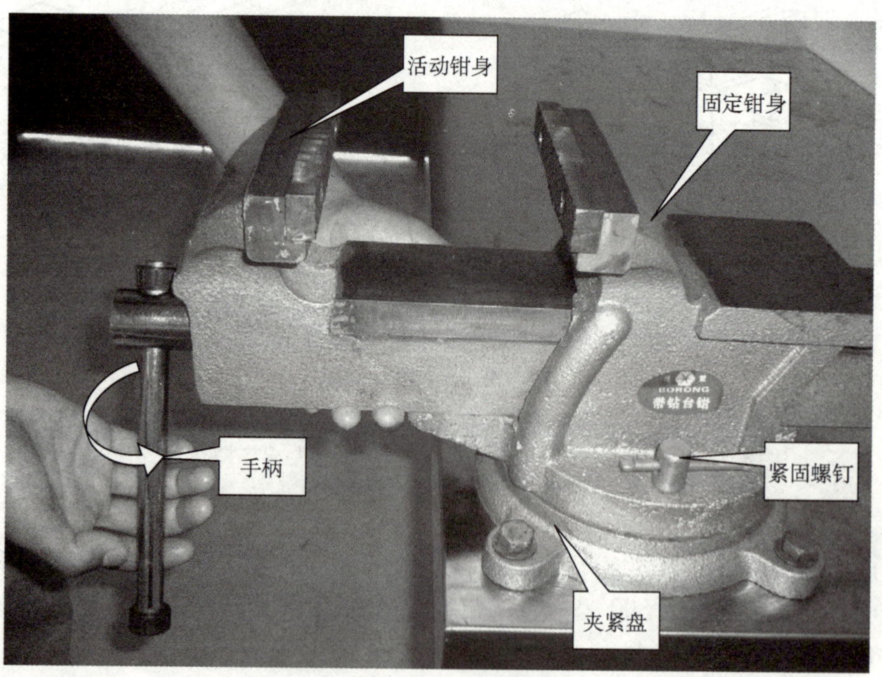

图 3-5　逆时针转动手柄

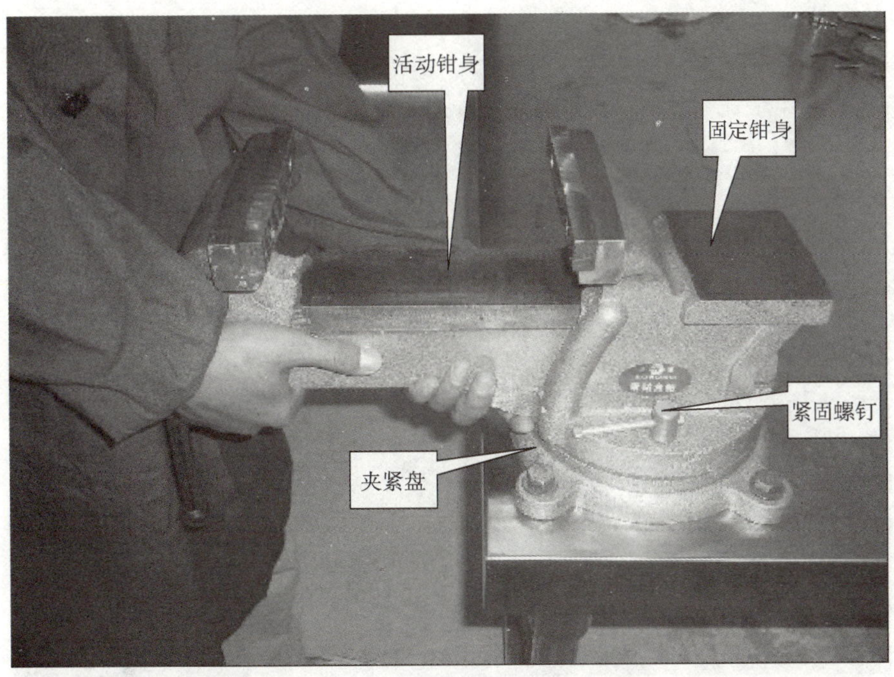

图 3-6　抽出活动钳身

2）卸下紧固螺钉（见图 3-7），向上搬开固定钳身（见图 3-8）。

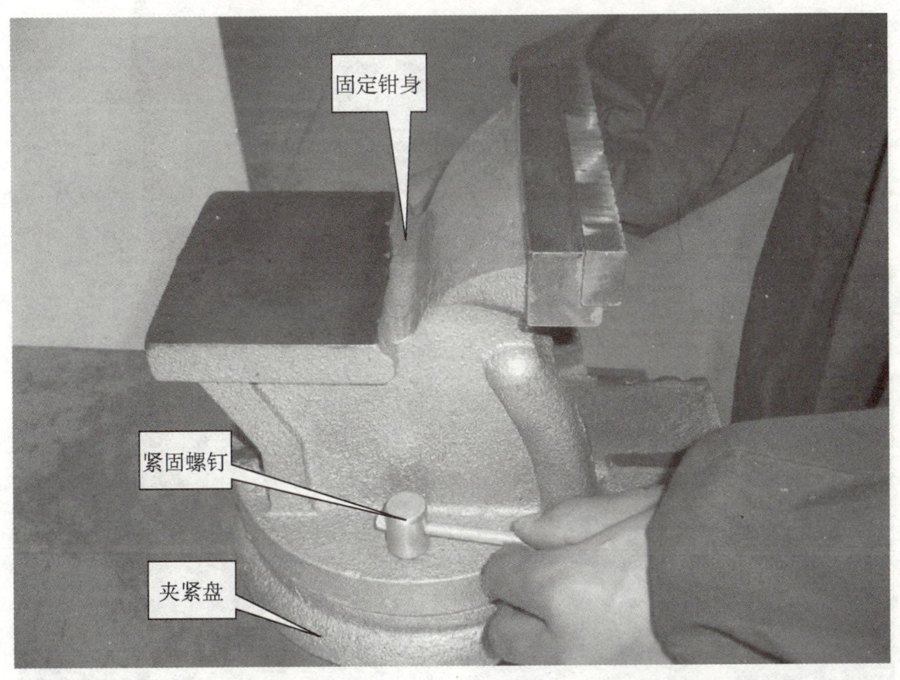

图 3-7　卸下紧固螺钉

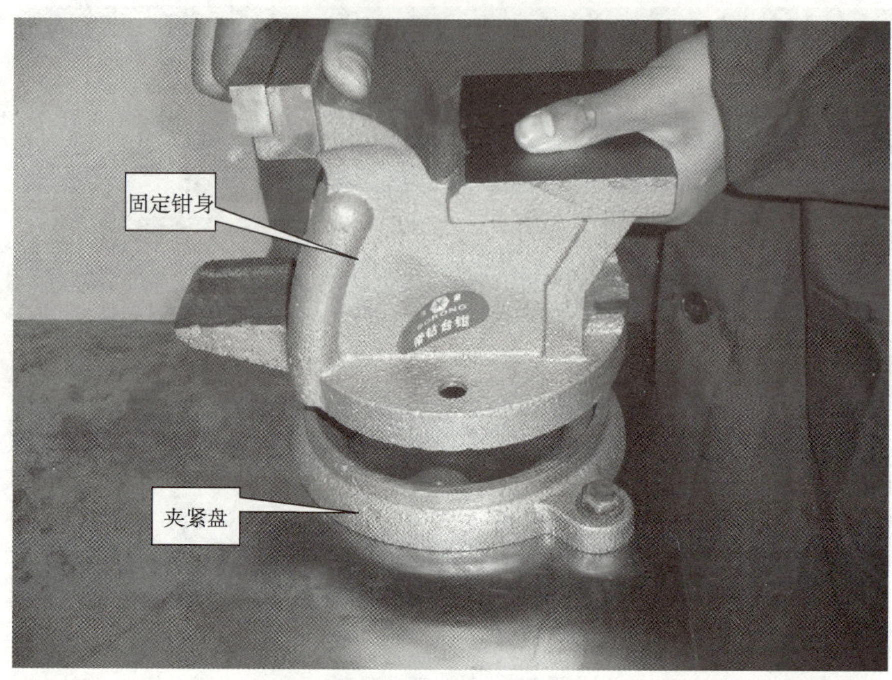

图 3-8　搬开固定钳身

3）松开并卸下丝杠螺母的固定螺钉（见图 3-9），取出丝杠螺母。

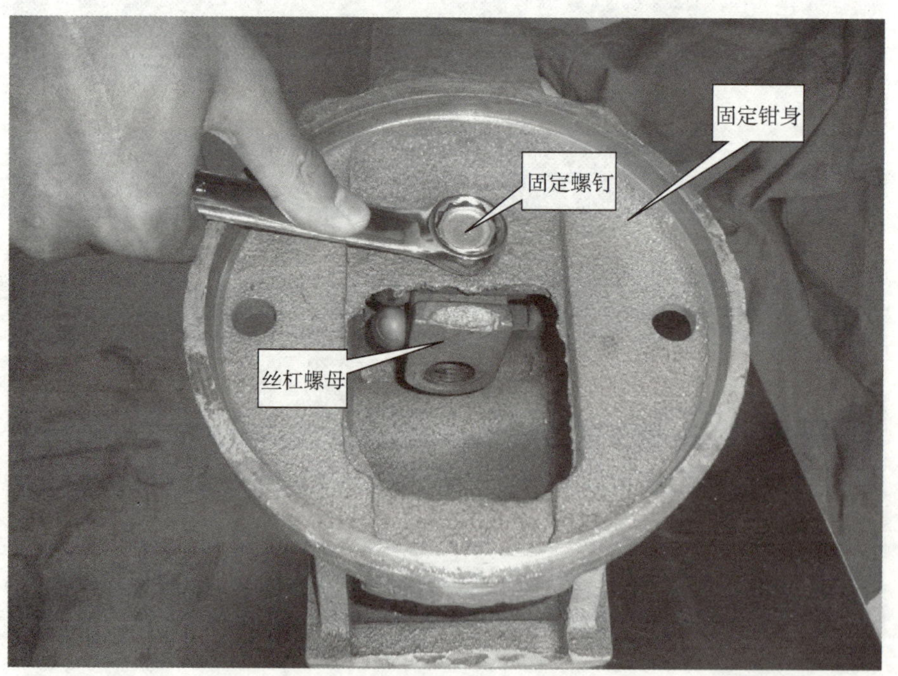

图 3-9　松开固定螺钉

2. 维护台虎钳

1）用内六角扳手紧固钳口螺钉（见图 3-10）。

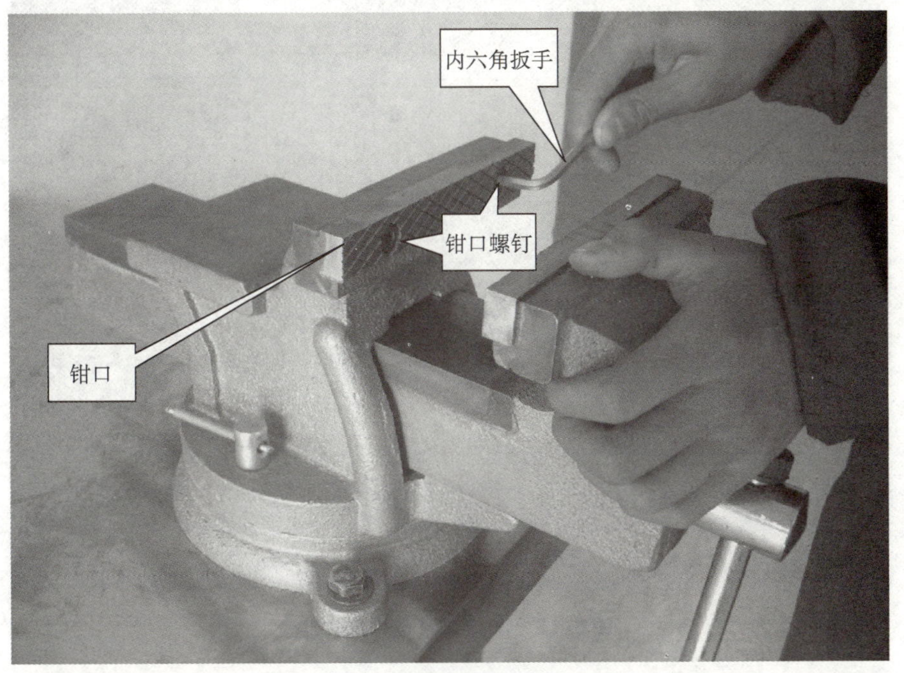

图 3-10　紧固钳口螺钉

2）清洁固定钳身及活动钳身（见图 3-11），清除夹紧盘中的灰尘（见图 3-12）。

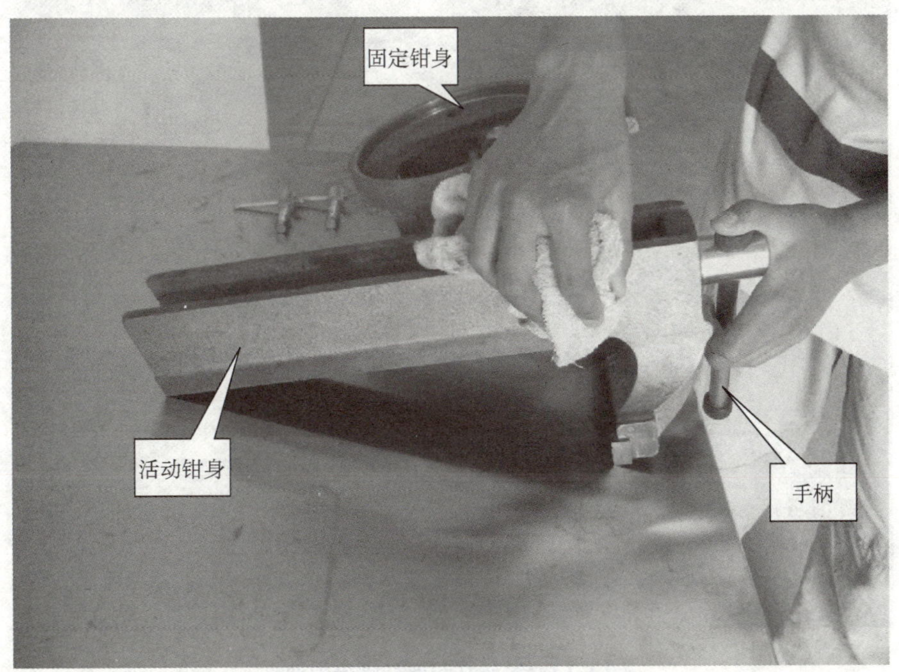

图 3-11　清洁固定钳身及活动钳身

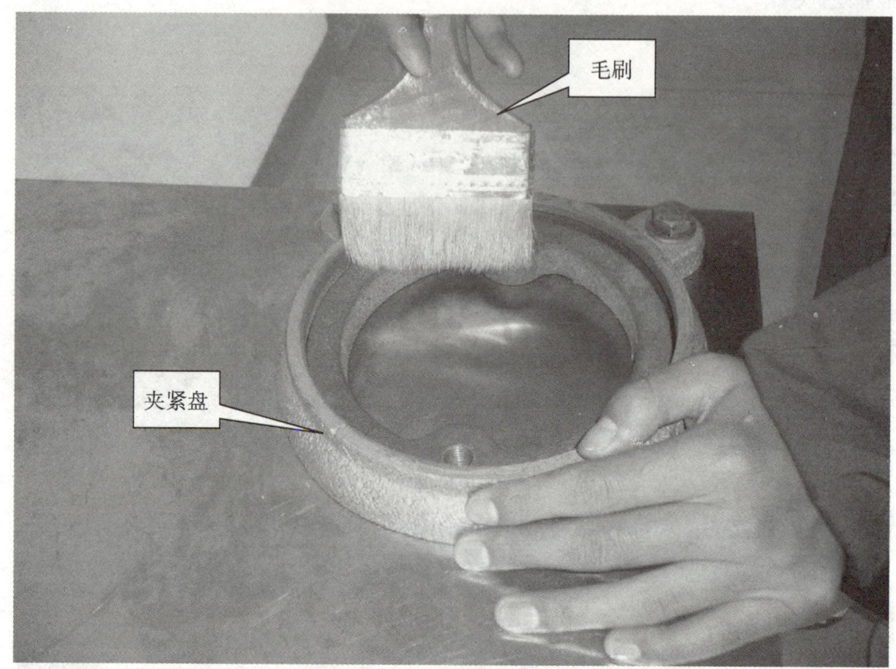

图 3-12 清除夹紧盘中的灰尘

3）给丝杠和丝杠螺母加油（见图 3-13）。

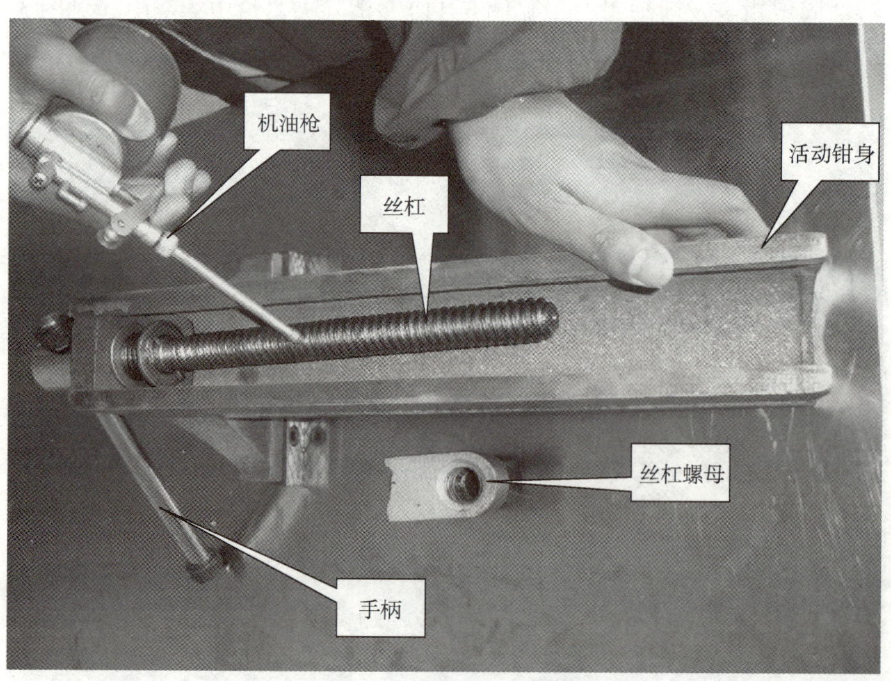

图 3-13 给丝杠和丝杠螺母加油

4）检查丝杠螺母的固定螺钉是否正常（见图3-14）。

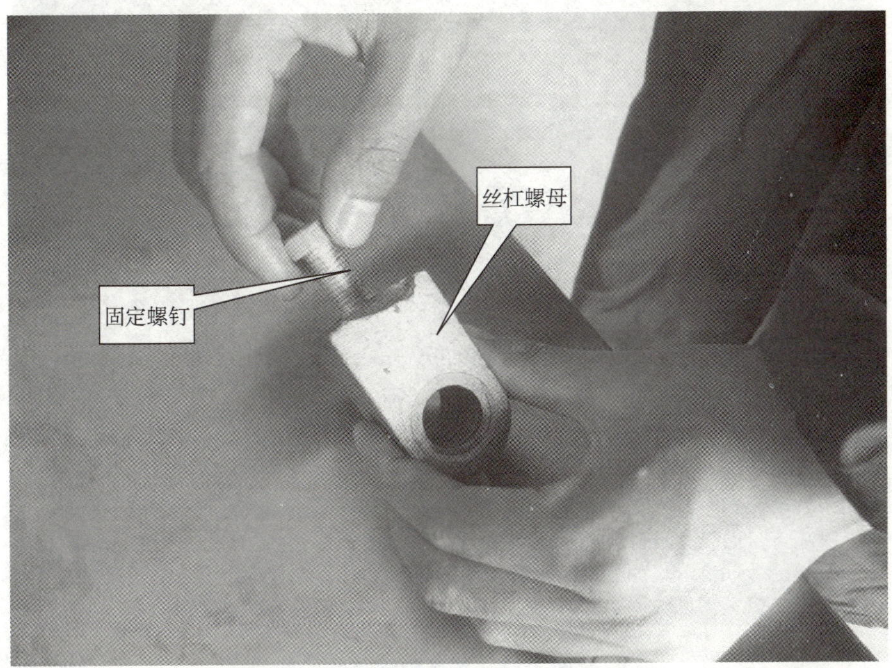

图3-14　检查丝杠螺母的固定螺钉

3. 安装

1）将丝杠螺母安装在固定钳身上（见图3-15），旋紧丝杠螺母的固定螺钉（见图3-16）。

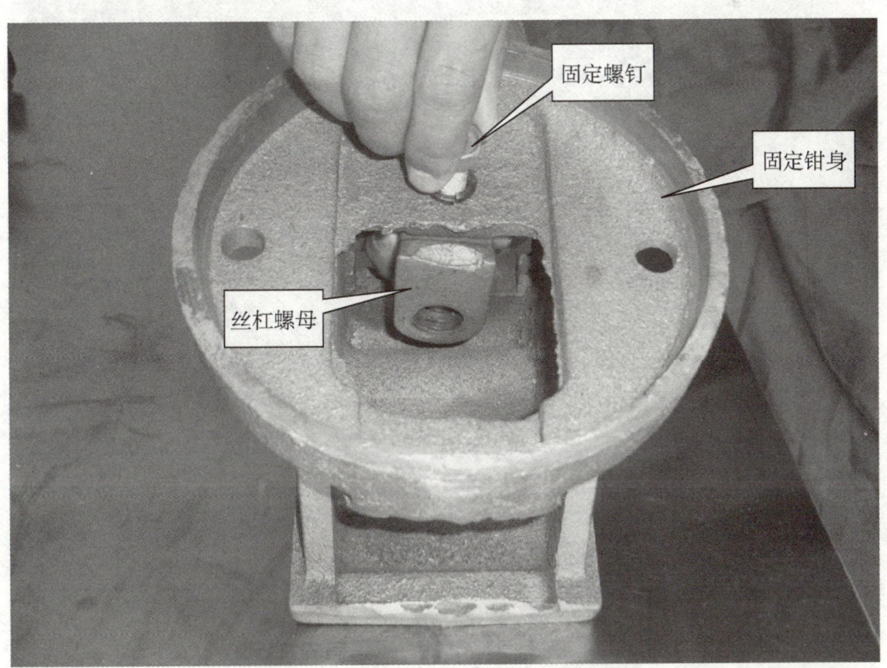

图3-15　将丝杠螺母安装在固定钳身上

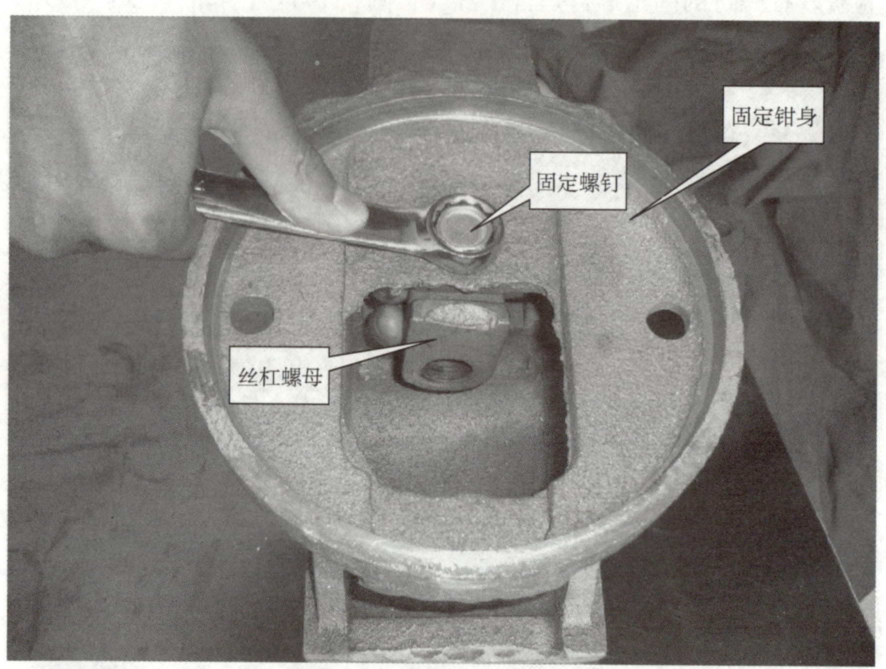

图3-16　旋紧固定螺钉

2）装上固定钳身，并用紧固螺钉固定（见图3-17）。

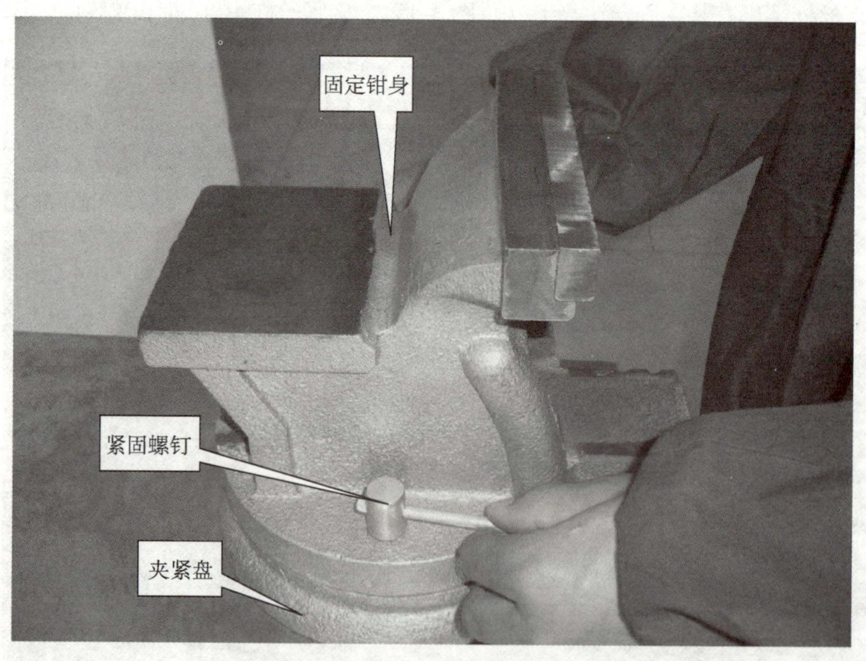

图3-17　装上固定钳身，用紧固螺钉固定

3）安装活动钳身。首先将丝杠对准丝杠螺母（见图3-18），然后顺时针旋转手柄（见图3-19），直至丝杠完全旋入丝杠螺母。

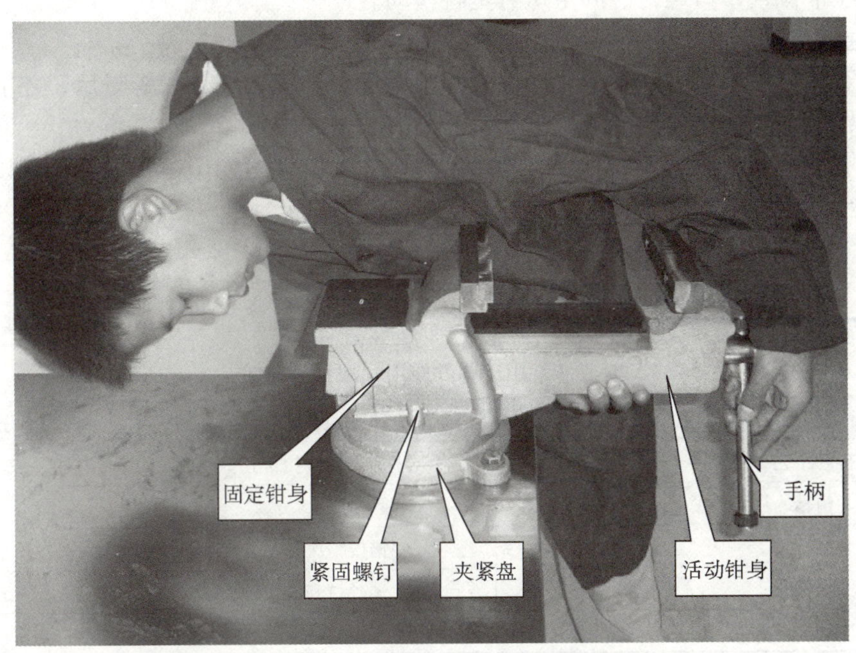

图3-18 丝杠对准丝杠螺母

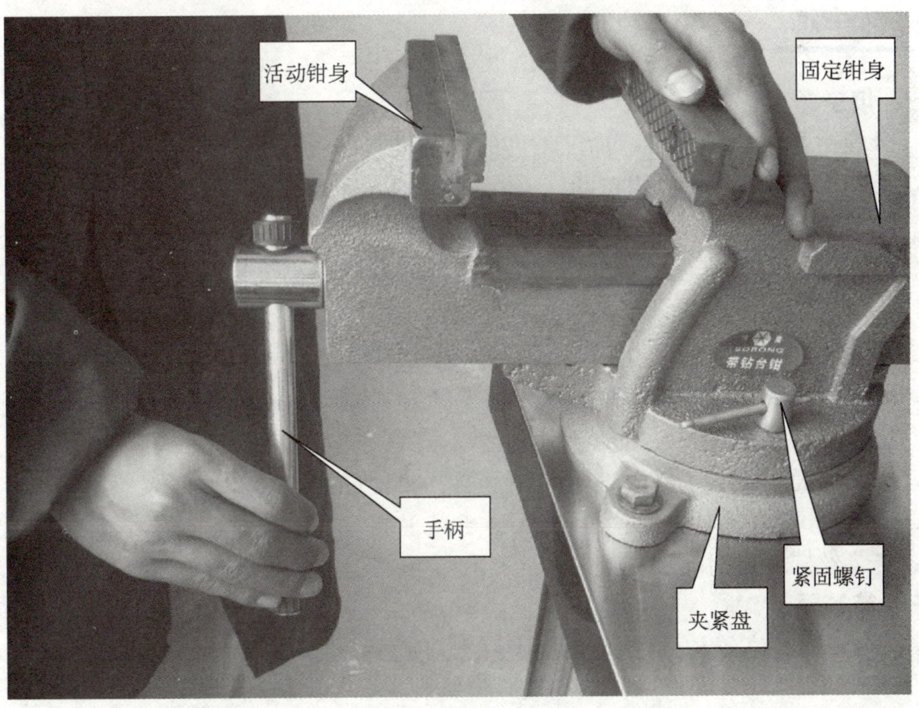

图3-19 顺时针转动手柄

4. 日常维护

1）保持台虎钳的清洁。

2）经常检查钳口螺钉、固定螺钉是否松动。

5. 注意事项

1）安装丝杠螺母时，不能一次旋紧固定螺钉，要等丝杠旋入螺母后，才能再次旋紧固定螺钉。

2）使用台虎钳夹紧工件时，不能在手柄上加套管，不能用锤子敲手柄，以免破坏丝杠螺母和其固定螺母。

练习记录及成绩评定

项目（常用设备的使用）成绩评定表

评定项目	配　分	评分标准	得　分
拆卸工艺	25	顺序错误一次扣5分	
检查、清洁、注油	35	漏一处扣5分	
装配工艺	25	顺序错误一次扣5分	
安全文明	15	酌情扣分	
总分			

想一想

一、填空题

1. 台虎钳是用来________加工工件的通用夹具，可分为________和________两种结构类型。台虎钳的规格以钳口的________来表示，通常有________、________和________等几种。

2. 台虎钳的安装高度为________mm，台虎钳钳口高度以恰好与人的______平齐为宜。

二、判断题

1. 活动钳口因频繁夹持工件，所以需要经常紧固。（　　）
2. 丝杠和丝杠螺母要经常加润滑油。（　　）
3. 使用台虎钳夹紧工件时，不能在手柄上加套管。（　　）
4. 使用台虎钳夹紧工件时，不能用锤子敲手柄。（　　）
5. 安装丝杠螺母时，要先旋紧固定螺母，再将丝杠螺母旋入。（　　）

三、简答题

简述台虎钳日常维护的内容及使用注意事项。

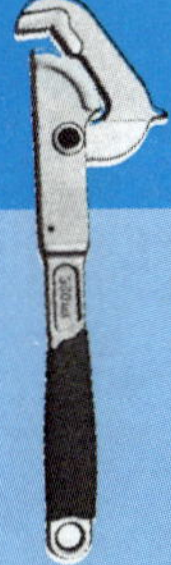

项目四

加工錾口锤子

我们的目标是

1. 知识目标：掌握划线、锯削、锉削、钻孔和测量的基本知识。
2. 技能目标：能熟练识读简单的零件图，并能正确使用工具加工简单的零件。
3. 情感目标：培养学生安全规范操作的意识和一丝不苟的工匠精神。

着手的任务是

1. 根据图样尺寸，使用锯弓对毛坯进行锯削下料。
2. 根据图样尺寸，使用锉刀对毛坯进行锉削加工。
3. 根据图样尺寸，对毛坯材料进行划线、锯削、锉削加工。
4. 根据图样尺寸，用台式钻床对工件进行钻孔，并进行锉削修整。

任务准备中

1. 器材、 工具准备

1）划线、钻削工具（见图 4-1a、b、c）。

2）锯削、锉削工具（见图 4-2a、b）。

3）测量工具（见图 4-3）。

2. 材料准备

1）毛坯材料（45 钢）（见图 4-4）。

2）绘制加工零件图样（见图 4-5）。

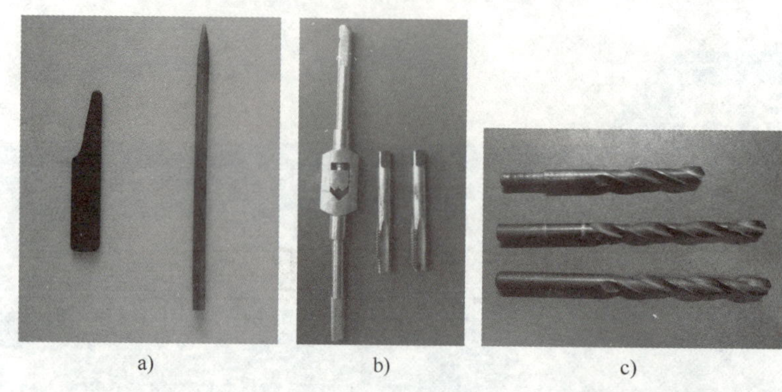

a)　　b)　　c)

图4-1　划线、钻削工具

a）样板、划针　b）铰杠、丝锥　c）钻头

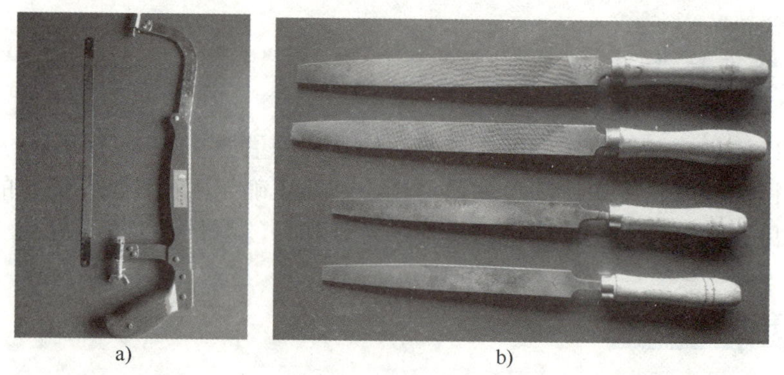

a)　　b)

图4-2　锯削、锉削工具

a）锯弓、锯条　b）钳工锉刀

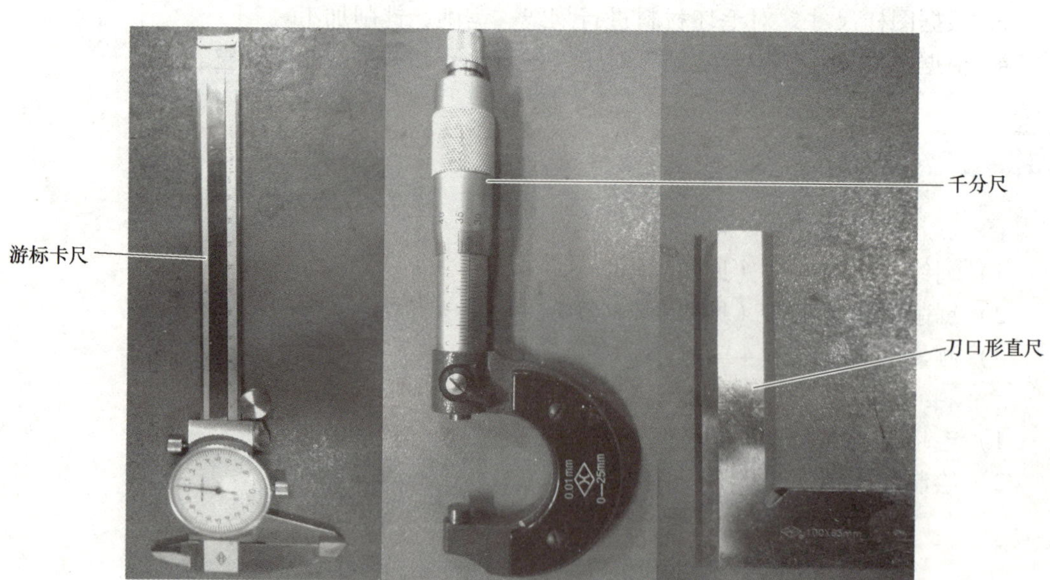

图4-3　测量工具

图 4-4　毛坯材料（45 钢）

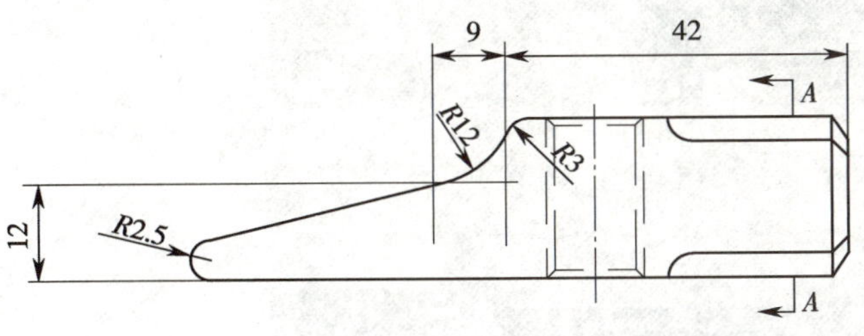

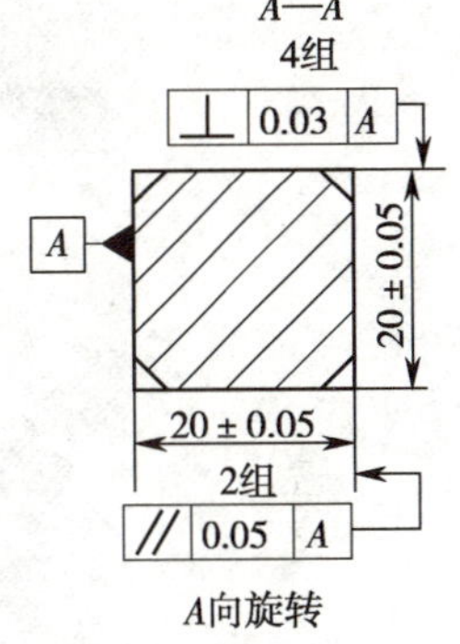

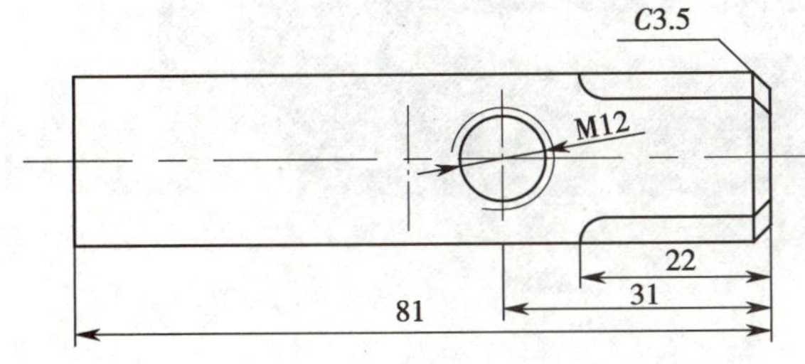

图 4-5　錾口锤子图样

工作中

1. 操作步骤

1）锯削毛坯材料。用锯弓将 45 号圆钢按尺寸 ϕ22mm × 81mm 进行下料（见图 4-6）。

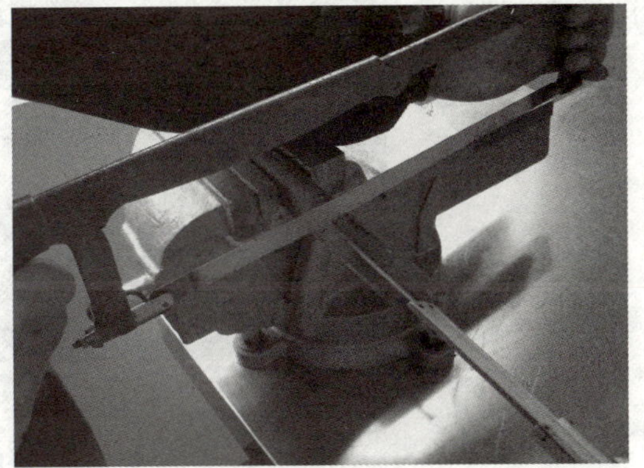

图 4-6　下料

2）用游标卡尺检测来料的直径为 ϕ22mm（见图 4-7a）和长度为 81mm（见图 4-7b）。

3）按图样要求，将来料锉削为 20mm × 20mm × 81mm 的长方体（见图 4-8a）；以长面为基准锉削一端面，达到基本垂直，表面粗糙度值 $Ra \leqslant 3.2\mu m$（见图 4-8b）；完成长方体的锉削任务（见图 4-8c）。

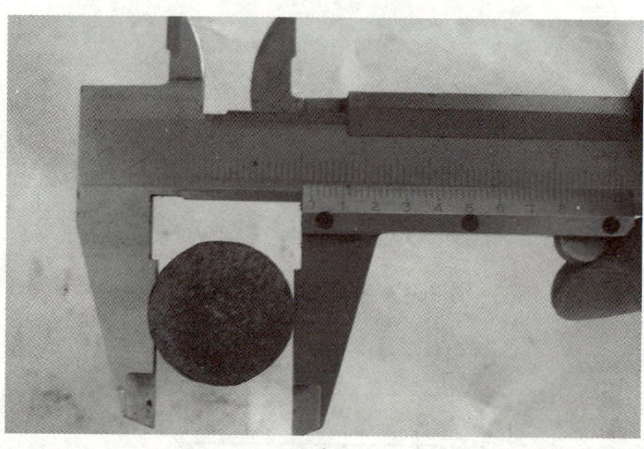

a)

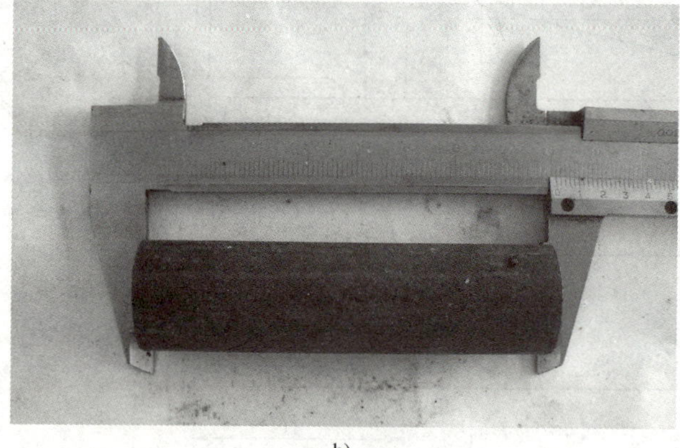

b)

图4-7 检测毛坯尺寸

a）测量直径 b）测量长度

a)

图4-8 锉削长方体

a）锉削基准面

b)

c)

图 4-8　锉削长方体（续）

b）锉削端面　c）长方体

4）以一长面及端面为基准，用錾口锤子样板（见图 4-9a）划出形体加工线（两面同时划出）（见图 4-9b）。

5）根据所划线，加工余量较大的部分时，直接用锯弓进行锯削（见图 4-10）。

6）加工余量较小的部分时，用锉刀进行锉削（见图 4-11）。

7）整理出錾口锤子的基本形状（见图 4-12）。

8）按图样划出钻孔的圆心，用样冲确定钻孔中心（见图 4-13a），选用 ϕ9.7mm 的钻头钻孔（见图 4-13b、c）。

9）用圆锉修整圆孔（见图 4-14a），对孔 ϕ10mm 进行攻螺纹（见图 4-14b）操作，攻螺纹过程中需加注切削液（见图 4-14c）。

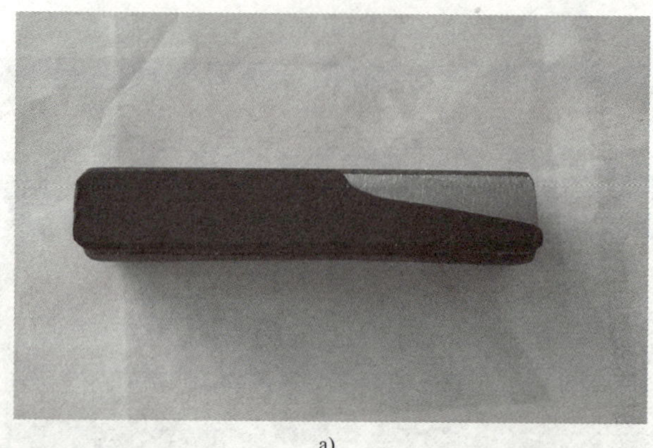

a)

b)

图4-9　样板划线

a）样板　b）划针划线

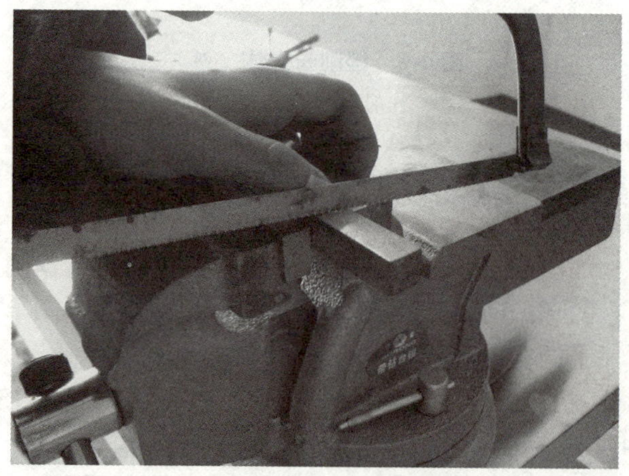

a)

图4-10　锯削余量

a）起锯

b）

图 4-10　锯削余量（续）

b）锯削

图 4-11　锉削余量

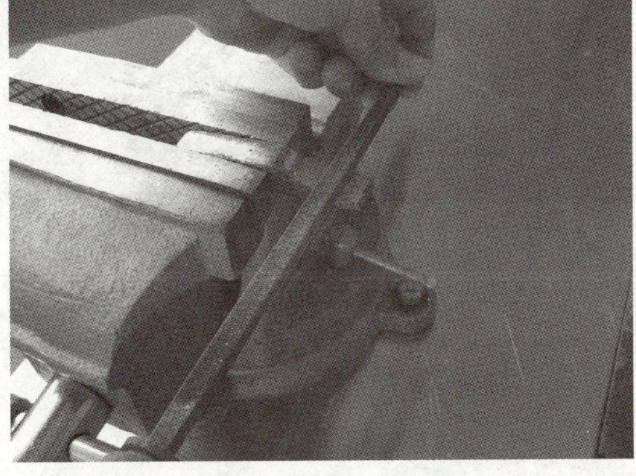

图 4-12　整理錾口锤子形状

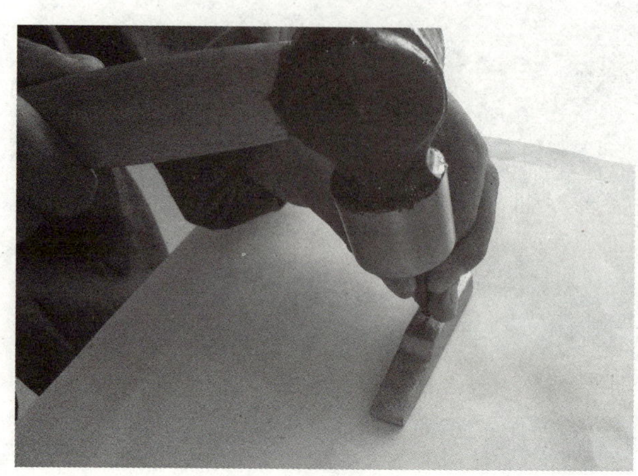

a)

b)

图4-13　钻孔过程

a）用样冲确定钻孔中心　b）确定钻孔中心位置

c)

图 4-13　钻孔过程（续）

c）钻孔

a)

图 4-14　加工螺纹孔

a）修整圆孔

b)

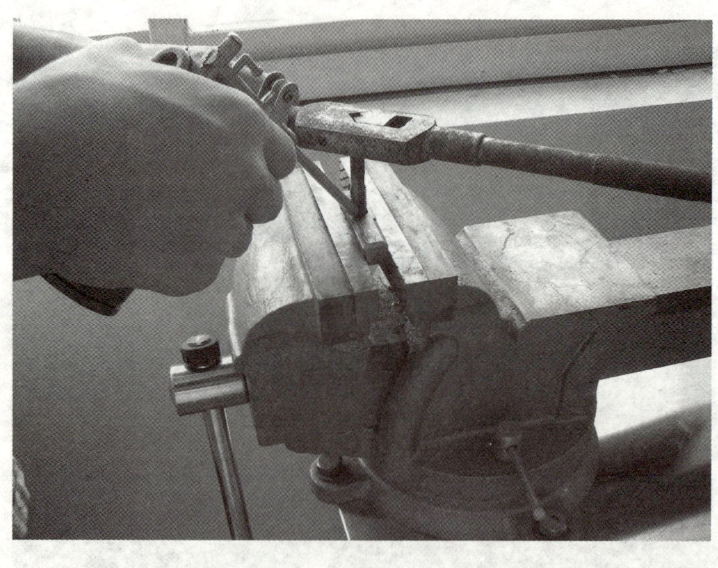

c)

图4-14　加工螺纹孔（续）

b）攻螺纹　c）加注切削液

10）用锉刀对棱边及底边均作 4×*C*3.5 倒角，达到图样要求（见图 4-15a、b）。

a)

b)

图 4-15 加工倒角

a）棱边倒角 b）底边倒角

11）用半圆锉按划线粗锉 *R*12mm 内圆弧面，用扁锉粗锉斜面及 *R*3mm 外圆弧面至划线处；然后用细扁锉细锉斜面，用半圆锉细锉 *R*12mm 内圆弧面，再用细扁锉细锉 *R*3mm 外圆弧面；最后用细扁锉及半圆锉进行推锉修整，达到各型面连接圆滑、光洁、纹理齐整（见图 4-16）。

12）锉削 *R*2.5mm 圆头，并保证工件总长 81mm（见图 4-17）。

13）对各加工面进行修整、去毛刺，并用砂布将其全部打光，交件待验（见图 4-18）。

图 4-16　用锉刀修整倒角

a)

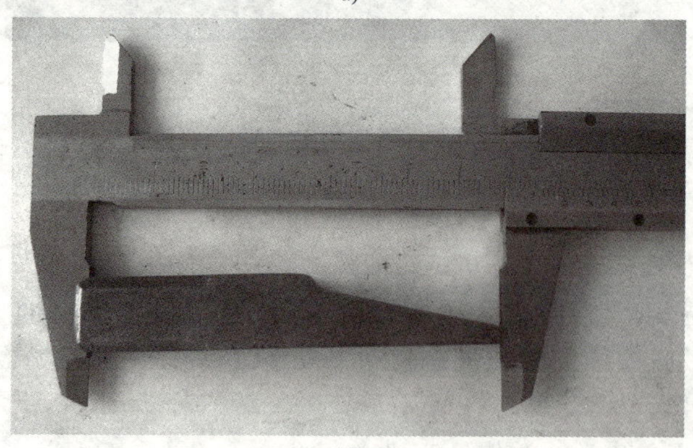

b)

图 4-17　倒圆和测量尺寸

a）倒圆　b）用游标卡尺测量尺寸

图 4-18　錾口锤子成品图

2. 注意事项

1）用 ϕ9.7mm 钻头钻孔时，要求钻孔位置正确，钻孔孔径没有明显扩大，以免造成加工余量不足，而影响螺纹孔的正确加工。

2）在对孔 ϕ10mm 进行攻螺纹时，两手握住铰杠两端施加压力，并将丝锥顺时针旋进，保证丝锥中心线与孔 ϕ10mm 中心线重合，不使歪斜。

3）加工四角 R3.5mm 内圆弧时，横向锉要锉准、锉光，这样推光就容易，且圆弧尖角处也不易塌角。

4）在加工 R12mm 与 R3mm 内、外圆弧面时，横向必须平直，并与侧平面垂直，这样才能使圆弧连接正确、外形美观。

练习记录及成绩评定

评定项目与技术要求	评分标准	配　分	得　分
尺寸要求（20±0.05）mm（2 处）		4	
平行度 0.05mm（2 处）		3	
垂直度 0.03mm（4 处）		3	
C3.5 倒角尺寸正确（4 处）		3	
R3.5mm 内圆弧连接圆滑，尖端无塌角（4 处）		3	
R12mm 与 R3mm 圆弧面连接圆滑		14	
舌部斜面平直度 0.03mm		10	
R2.5mm 圆弧面圆滑		8	
倒角均匀、各棱线清晰		8	
表面粗糙度值 $Ra \leqslant 3.2\mu m$，纹理齐正		8	
螺纹质量合格		10	
文明生产与安全生产		10	
时间定额：16h，每超 30min 扣 5 分		16	
总　分			

你可能需要的帮助

一、划线及划线工具

1. 划线的概念

划线是在毛坯或工件上，用划线工具划出待加工部位的轮廓线作为基准的点、线，用作加工和装配的依据。划线操作应做到线条清晰、粗细均匀。在操作正确的前提下，划线尺寸精度可达±0.3mm。

2. 划线的分类

（1）平面划线　只需要在工件的一个平面上划线，便能明确表示出加工界线时，称为平面划线（见图4-19）。

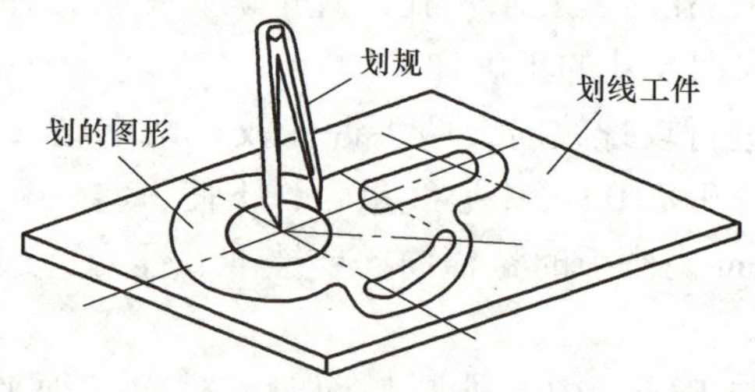

图4-19　平面划线

（2）立体划线　需要在工件几个不同方向的表面上同时划线，才能明确表示出加工界线时，称为立体划线（见图4-20）。

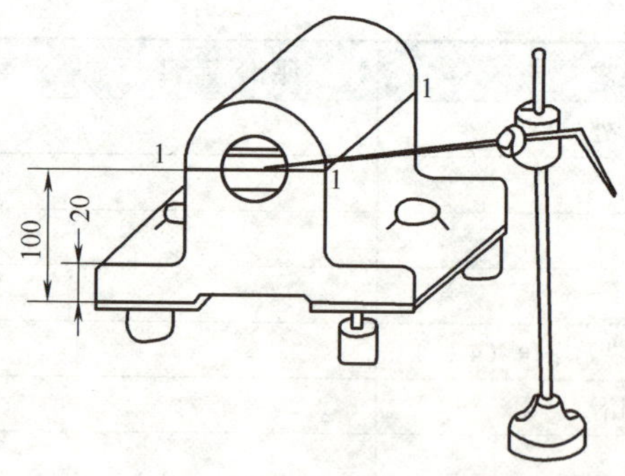

图4-20　立体划线

3. 划线工具

（1）钢直尺　钢直尺（见图4-21）是一种简单的尺寸量具，其尺面上刻有尺寸刻线，最小刻线的间距为0.5mm，它的长度规格有150mm、300mm、1000mm等多种。

（2）划针　划针（见图4-22）用于在工件上划出线条，用工具钢或弹簧钢制成，直径一般为3～5mm，尖端磨成15°～20°的尖角，并经热处理淬火以提高其硬度。

图 4-21 钢直尺

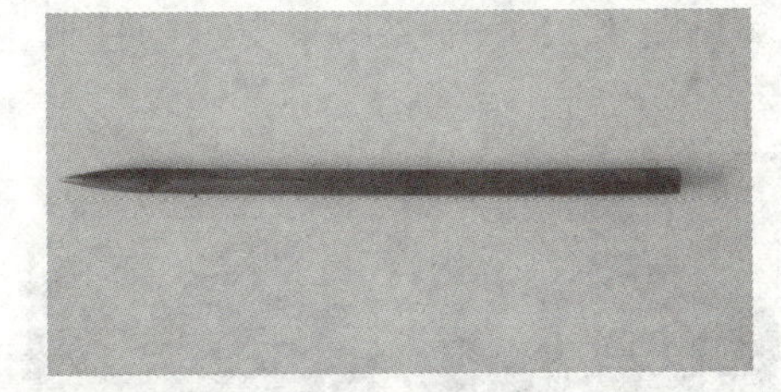

图 4-22 划针

(3) 划规 划规（见图4-23）可用来划圆或圆弧、等分线段、等分角度以及量取尺寸等。钳工的划规有普通划规、扇形划规、弹簧划规和大尺寸划规等类型。

a)

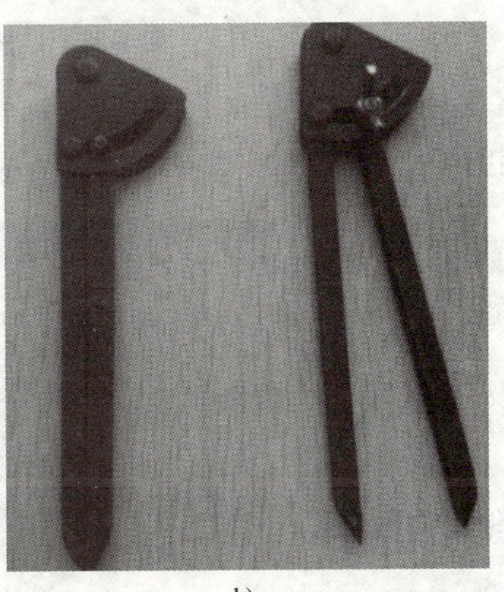

b)

图 4-23 划规

a）弹簧划规 b）扇形划规

（4）划线平板　划线平板（见图4-24）用来放置工件和划线工具，并作为划线时的基准平面。

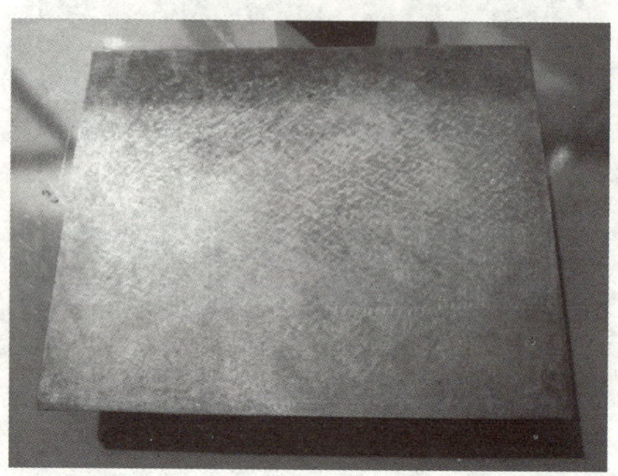

图4-24　划线平板

（5）V形块　V形块（见图4-25）主要用来支承圆柱形工件，以便划出或找出中心线。

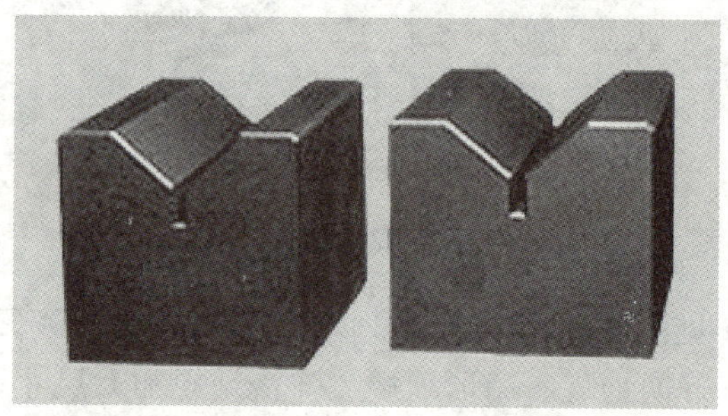

图4-25　V形块

（6）样冲　样冲（见图4-26）用于在工件所划的加工线条上打样冲眼，作为加强界线标记和划圆弧或钻孔时的定位中心。

图4-26　样冲

（7）高度游标卡尺　高度游标卡尺（见图4-27）是一种精密量具，可作为精密划线工具使用。

二、锯削及锯削工具

1. 锯削的概念

锯削（见图4-28）是用手锯对材料或工件进行切断或切槽操作的加工方法。锯削可以锯断各种原材料或半成品、锯掉工件的多余部分或在工件上锯槽（见图4-28）。

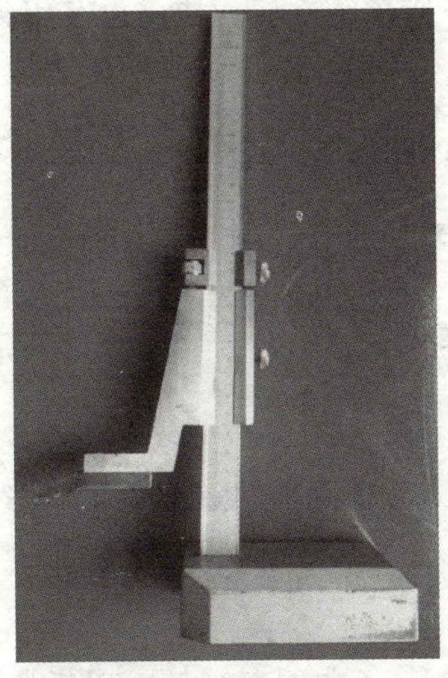

图 4-27　高度游标卡尺

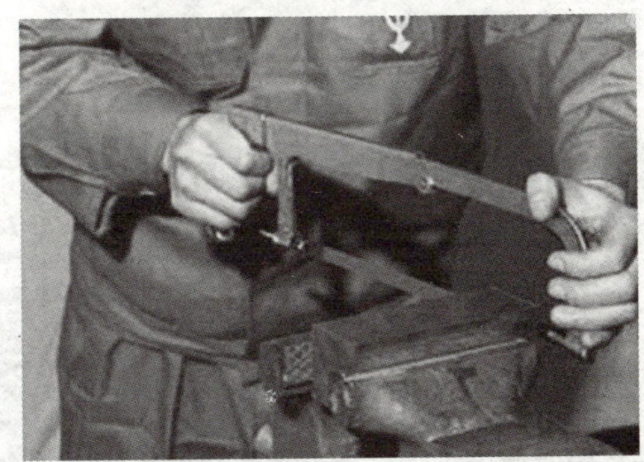

图 4-28　锯削加工

2. 锯削工具

手锯由锯弓和锯条组成。

（1）锯弓　锯弓用来安装锯条，有固定式和可调式两种（见图 4-29a、b）。

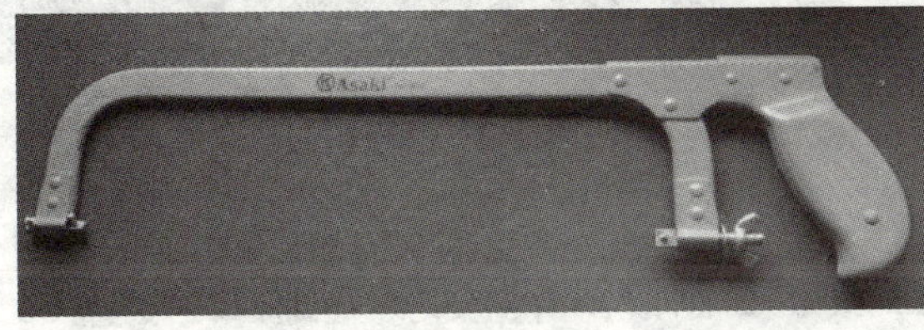

a)

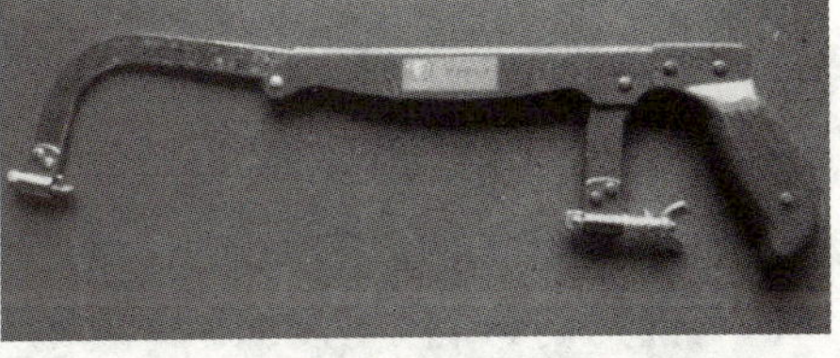

b)

图 4-29　锯弓

a）固定式　b）可调式

（2）锯条　锯条一般用渗碳软钢冷轧而成，也有用碳素钢、工具钢或合金钢制成的，并经热处理淬硬。

（3）锯条的安装　（见图4-30）手锯在向前推时才起切削作用，因此锯条的安装应使齿尖方向朝前，如果装反了，则锯齿前角为负值，就不能正常锯削了。

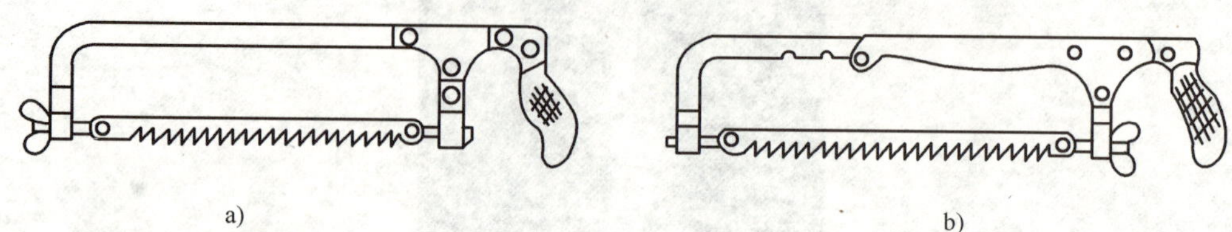

图4-30　锯条的安装

a）固定式　b）可调式

3. 锯削方法

手锯的握法（见图4-31）：右手满握锯柄，拇指压在食指上，左手轻扶在锯弓前端。

三、锉削及锉削工具

1. 锉削的概念

用锉刀对工件表面进行切削加工，使其尺寸、形状、位置和表面粗糙度等都达到要求，这种加工方法称为锉削（见图4-32）。

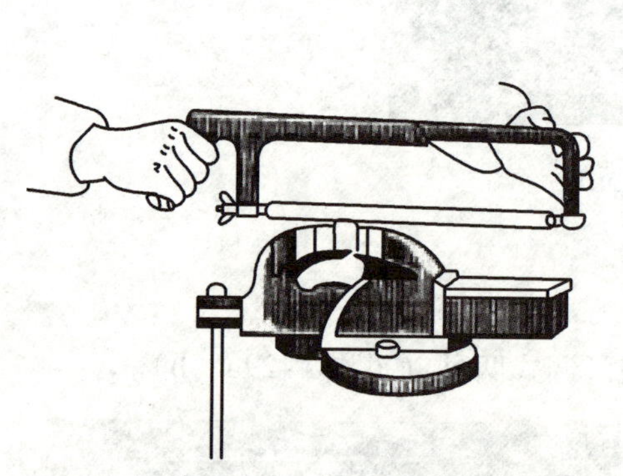

图4-31　手锯的握法

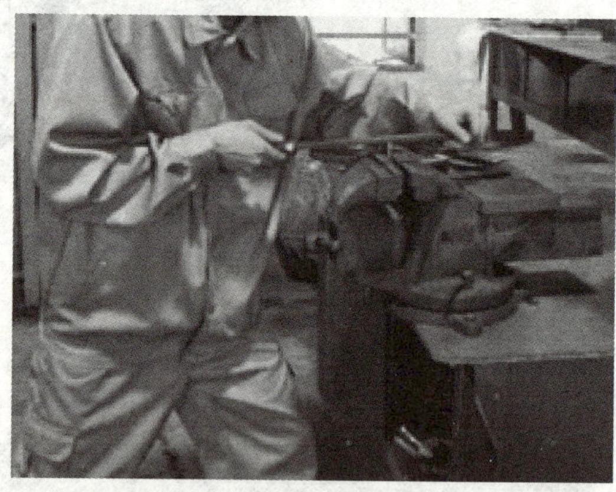

图4-32　锉削加工

2. 锉削工具（锉刀）

（1）锉刀的材料　锉刀由高碳钢T13或T12制成，并经过热处理，硬度达62～67HRC，是一种标准工具。

（2）锉刀的种类　按锉刀的用途，可将其分为钳工锉、异形锉和整形锉。

（3）锉刀的规格　圆锉用直径大小表示；方锉用四方形的边长尺寸表示；其他锉刀则用锉身长度表示，常用的有250mm、200mm、150mm、100mm等（见图4-33）。

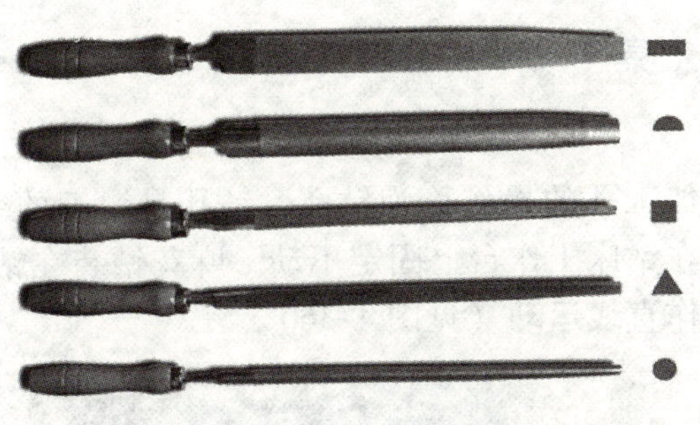

图 4-33 锉刀的规格

3. 平面的锉削方法

(1) 顺向锉 锉刀运动方向与工件夹持方向始终一致（见图 4-34a）。

(2) 交叉锉 锉刀运动方向与工件夹持方向成 30°～40°角，并且锉纹交叉（见图 4-34b）。

(3) 推锉 用双手握住锉刀，使锉刀与工件之间作纵向运动（见图 4-34c）。

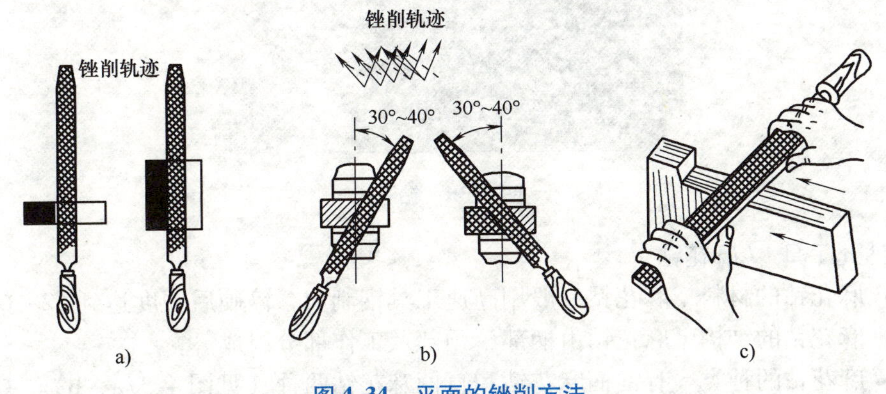

图 4-34 平面的锉削方法

a）顺向锉 b）交叉锉 c）推锉

4. 曲面的锉削方法

最基本的曲面是单一的外圆弧面和内圆弧面，掌握内、外圆弧面的锉削方法和技能，是掌握各种曲面锉削方法的基础（见图 4-35）。

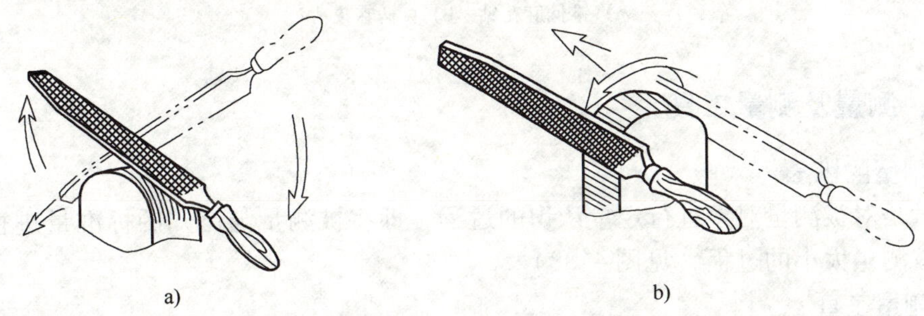

图 4-35 曲面的锉削方法

a）沿着圆弧面锉削 b）横着圆弧面锉削

四、钻孔及钻孔工具

1. 钻孔的概念

用麻花钻在实体上加工孔的操作称为钻孔，钻孔是钳工的主要工作内容之一。用钻床钻孔时，工件装夹在钻床工作台上固定不动，麻花钻装在钻床主轴上，一边旋转，一边沿麻花钻轴线向下作直线运动（见图4-36）。

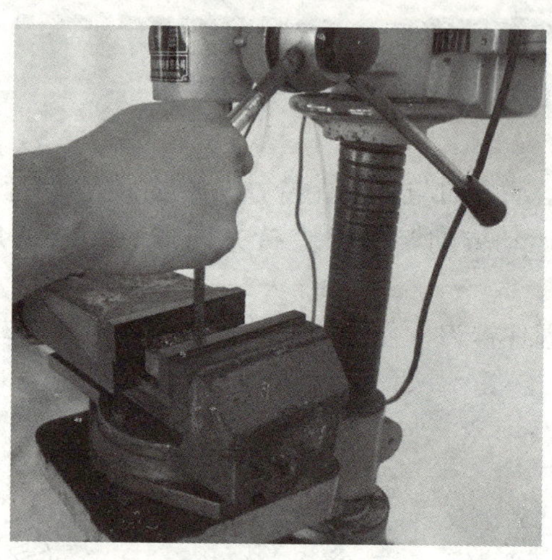

图4-36　钻孔

2. 钻孔工具（麻花钻）

（1）麻花钻的材料　麻花钻一般用高速工具钢制成，淬硬后硬度达到62～68HRC。

（2）麻花钻的结构　麻花钻由柄部、颈部及工作部分组成。

（3）麻花钻的种类　有锥柄麻花钻和直柄麻花钻两种（见图4-37a、b）。

a)　　b)

图4-37　麻花钻的种类

a）锥柄麻花钻　b）直柄麻花钻

五、测量及测量工具

1. 测量的概念

测量是对被测量对象进行定量认识的过程，即将被测量与已知的标准量进行比较，以得到被测量大小的过程（见图4-38）。

2. 测量工具

（1）游标卡尺　游标卡尺是一种指示量具，一般简称为卡尺，可直接测量出工件的外尺寸、内尺寸和深度尺寸。常用游标卡尺的分度值为0.02mm，是一种适合测量中

等精度尺寸的量具。

(2) 千分尺 千分尺是一种以螺杆做运动零件进行长度测量的工具。常用的千分尺为外径千分尺，其规格按测量范围分为 0 ~ 25mm、25 ~ 50mm、50 ~ 75mm、75 ~ 100mm、100 ~ 125mm（见图 4-39）。

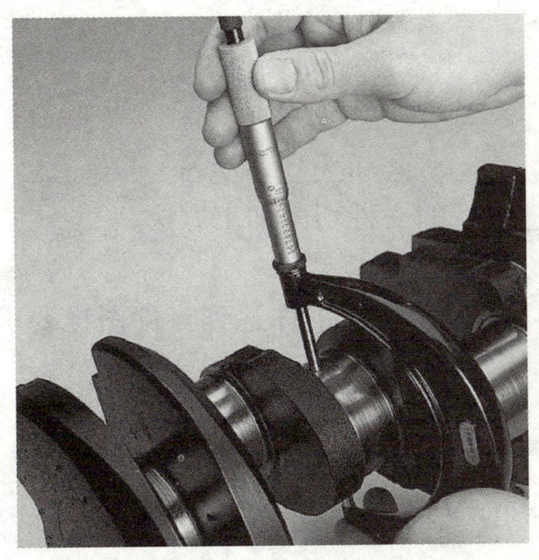
图 4-38 测量工件

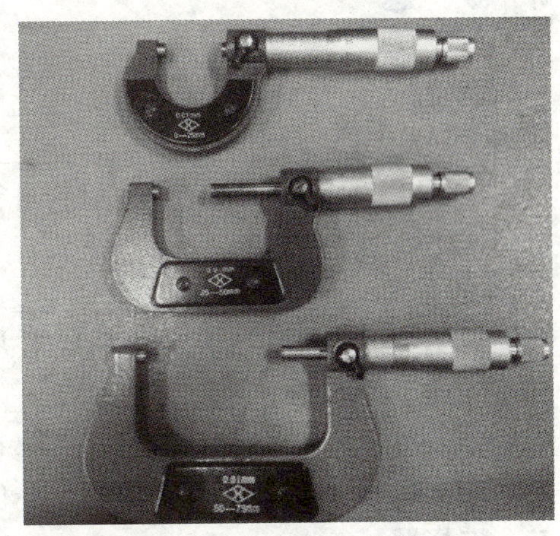
图 4-39 千分尺的规格

(3) 刀口形直尺 刀口形直尺可作为划垂直线及平行线的导向工具。

(4) 塞尺 塞尺（见图 4-40）是用来检验两个结合面之间间隙大小的片状量规。

图 4-40 塞尺

3. 量具使用时的注意事项

1）测量前，应将量具的测量面和工件表面擦拭干净，以免影响测量精度和加快量具的磨损。

2）测量时不能用力过猛、过大，一方面是为了防止损坏量具，另一方面也可避免因测量力过大而造成测量不准确。

3）不要将量具与工具、刀具放在一起，以免损坏量具；不能使用精密量具测量毛坯尺寸。

4）使用量具时要轻拿轻放，不能乱扔乱放，更不能把量具当工具使用。

5）不要把量具放在温度高的地方，以免其受热变形；不能用量具测量高温的工件。

6）量具用完后应及时擦拭干净、涂油，并放在专用盒中，以防止生锈。

7）精密量具应定期鉴定和保养，使用过程中发现精密量具有不正常现象时，应及时送交计量室进行检修。

想一想

一、填空题

1. 常用的划线工具有________、________、________和________等。
2. 锯削是用________对工件或材料进行________的一种切削加工方法。
3. 手锯由________和________组成。
4. 锉削是用________对工件________进行切削加工，使工件达到零件图样要求的________、________和表面粗糙度的加工方法。
5. 钻孔是用钻头在________上加工________的方法。
6. 麻花钻由________部、________部和________部分组成。
7. 钻孔时，孔的位置尺寸要求划出孔位的中心线并打________。

二、选择题

1. （　　）用来安放圆形工件，或当靠铁使用。

A. 平板　　B. V形块　　C. 样冲　　D. 高度游标卡尺

2. 采用交叉锉法时，锉刀的运动方向与工件夹持方向约成（　　）角。

A. 45°　　B. 60°　　C. 35°　　D. 15°

3. 安装锯条时，锯齿应该（　　）。

A. 朝后　　B. 向前　　C. 朝上

4. 锉削速度应控制在（　　）次/min。

A. 45　　B. 30～60　　C. 60～80　　D. 大于60

5. 安装钻头时，钻头的夹持长度不能小于（　　）mm。

A. 15　　B. 10　　C. 8～10　　D. 12

6. 锉削材质软的材料时，应选（　　）锉刀。

A. 粗　　B. 细　　C. 油光

三、简答题

1. 什么叫划线？划线的种类有哪些？

2. 划线的常用工具有哪些？分别有什么作用？

3. 什么叫锯削？手锯由什么组成？

4. 什么叫锉削？锉刀的种类有哪些？

5. 平面的锉削方法有哪三种？

6. 什么叫钻孔？简述麻花钻的组成和种类。

7. 什么叫测量？常用的测量工具有哪些？各有什么作用？

8. 简述量具的使用注意事项。

项目五

加工六角螺母

我们的目标是

1. 知识目标：掌握划线、锯削、锉削、钻孔、攻螺纹、套螺纹和测量的基本知识。
2. 技能目标：能熟练识读简单的零件图，并能正确使用工具加工简单的零件。
3. 情感目标：培养学生安全规范操作的意识和一丝不苟的工匠精神。

着手的任务是

1. 根据图样要求进行划线实料训练。
2. 根据图样要求进行锉削加工、螺纹加工实料训练。

任务准备中

1）准备加工六角螺母的120°尺、划针、样冲等辅助工具（见图5-1）。

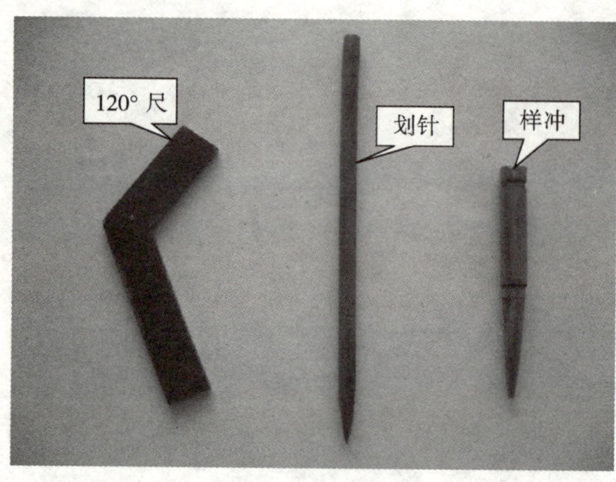

图 5-1　辅助工具

2）六角螺母实物如图 5-2 所示。

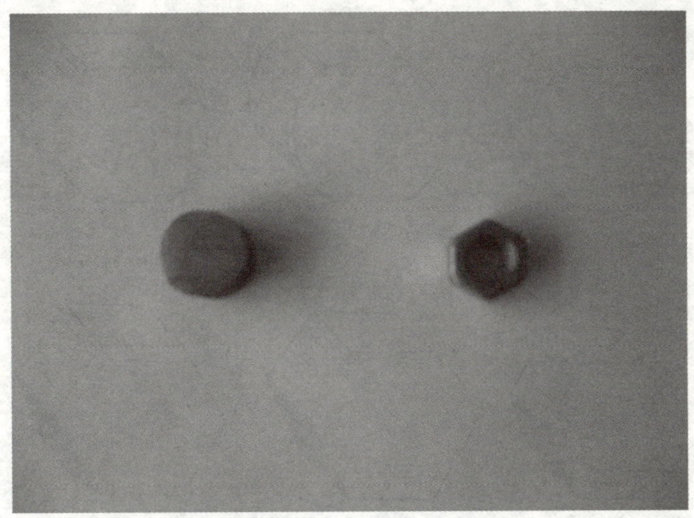

图 5-2　六角螺母实物图

3）绘制六角螺母加工图样（见图 5-3）。

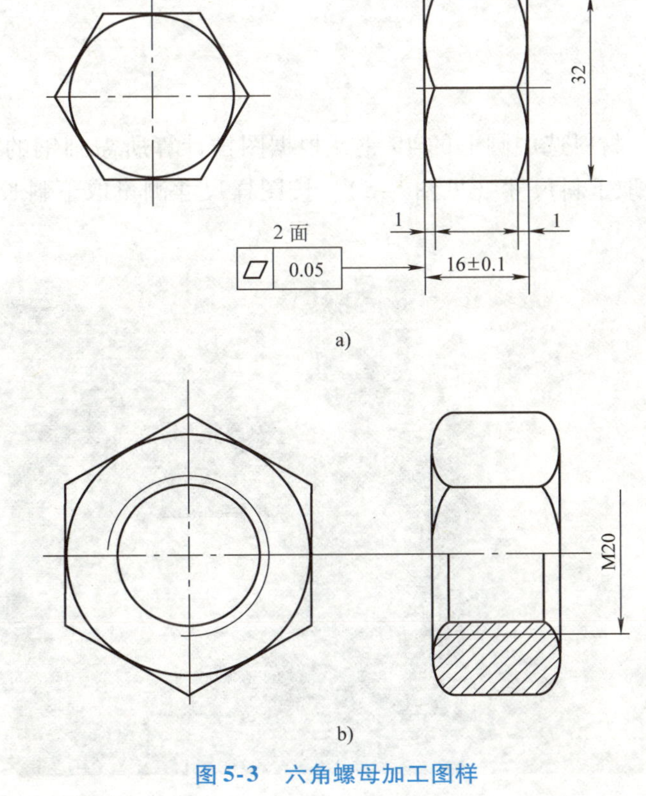

图 5-3　六角螺母加工图样

a）图样一　b）图样二

4）六角螺母六个平面的锉削顺序为图5-4所示a～f的顺序。

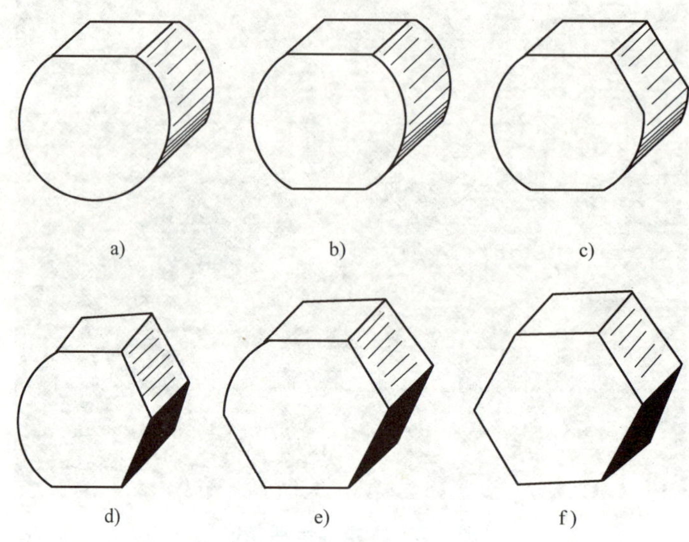

图5-4　六角螺母的锉削步骤

工作中

1. 操作步骤

1）毛坯下料。材料选用圆形的45钢，根据图样计算所需圆钢的直径为37.5mm，并用游标卡尺测量取下料尺寸（见图5-5），按图样尺寸测量取下料长度为16.5mm并下料（见图5-6）。

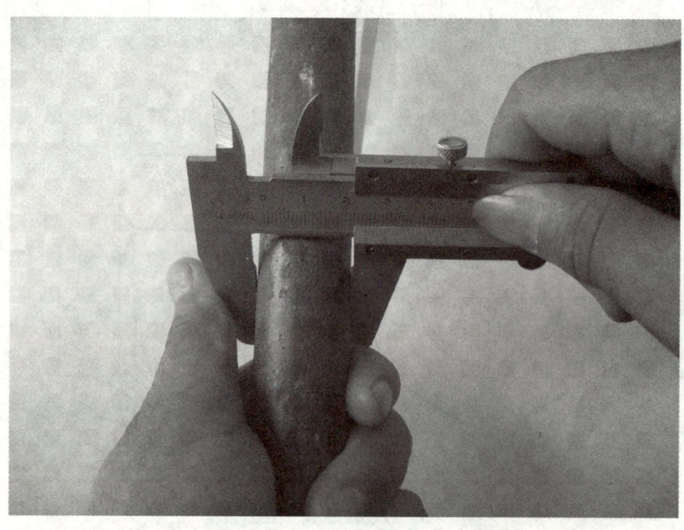

图5-5　测量圆钢直径

图 5-6　下料

2）测量毛坯实际尺寸。检查毛坯尺寸是否为 ϕ37.5mm×16.5mm（见图 5-7、图 5-8）。

图 5-7　测量直径

图5-8　测量长度

3）锉削毛坯两端面（见图5-9）。

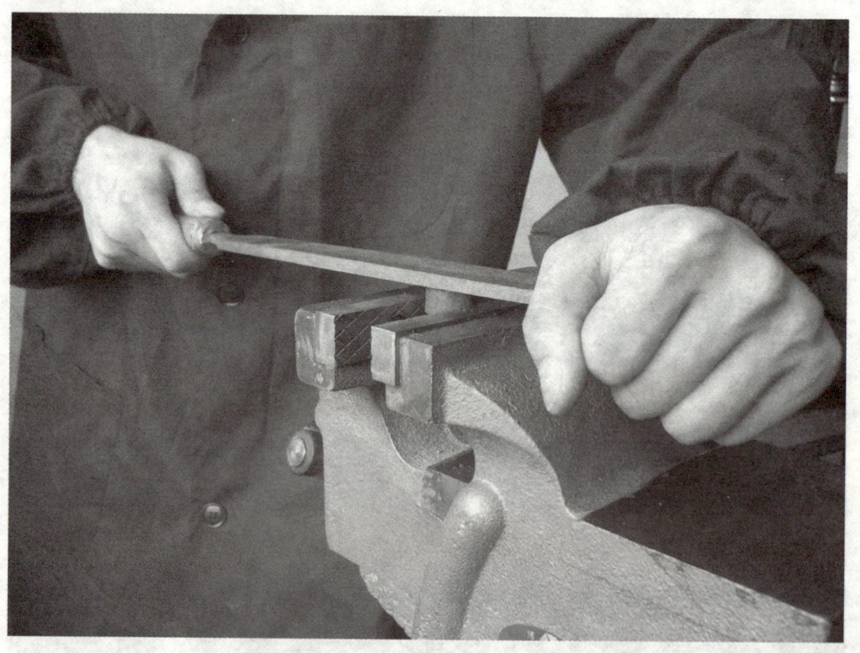

图5-9　锉削两端面

4）划线。用划针在毛坯基准端面上划出两条相互垂直的中心线，找到端面圆心（见图 5-10）；用圆规量取端面圆半径（见图 5-11），并利用半径将端面圆六等分（见图 5-12），然后用钢直尺划出正六边形（见图 5-13）。

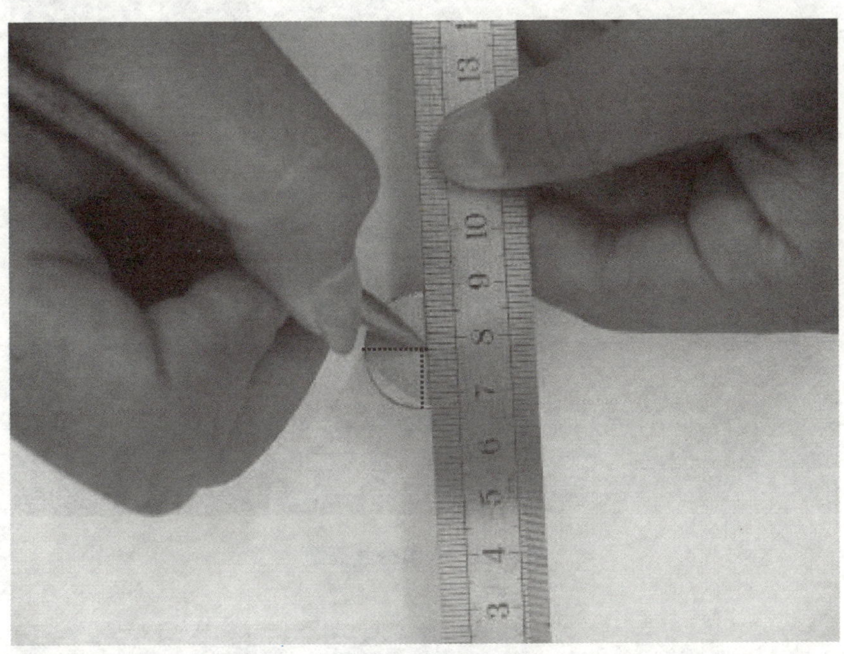

图 5-10　找端面圆心

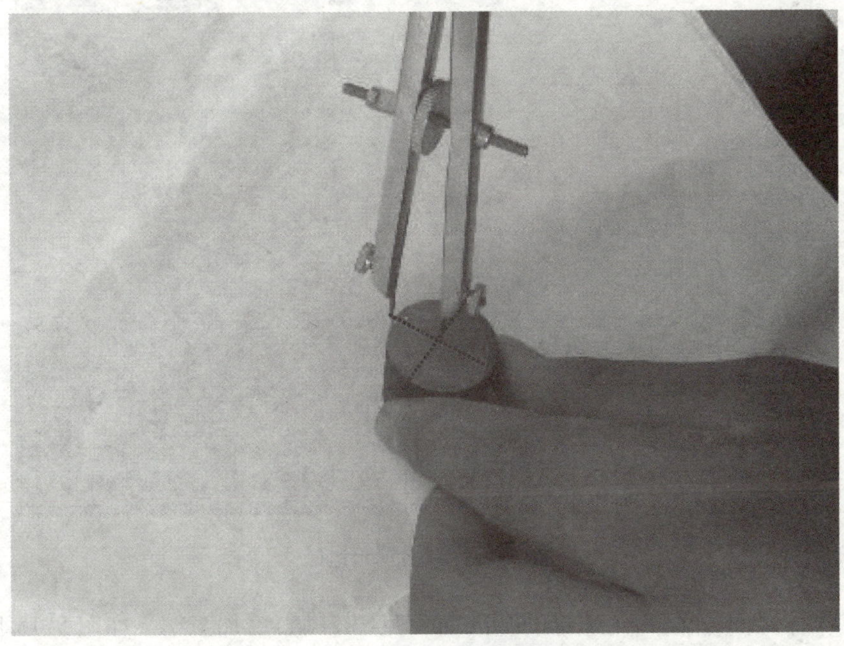

图 5-11　量取端面圆半径

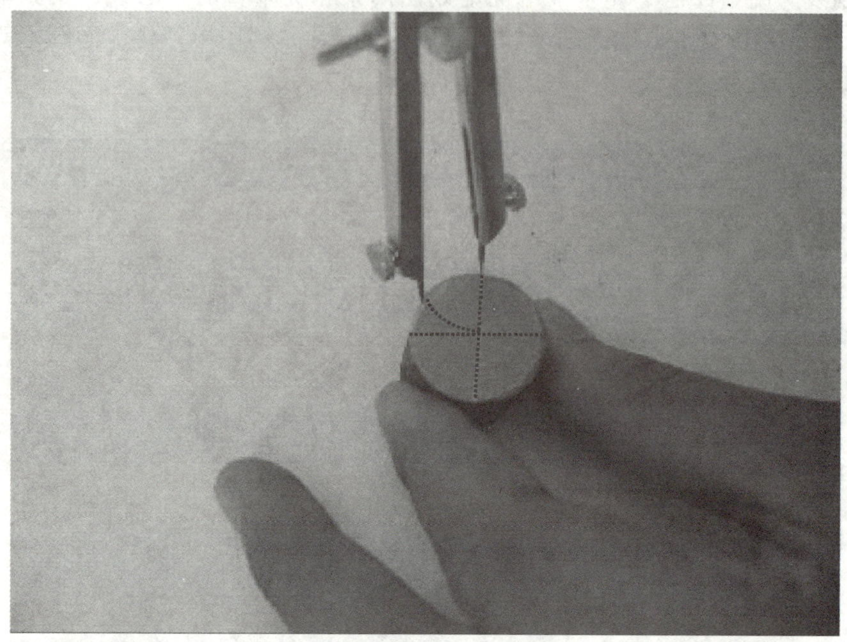

图 5-12　六等分端面圆

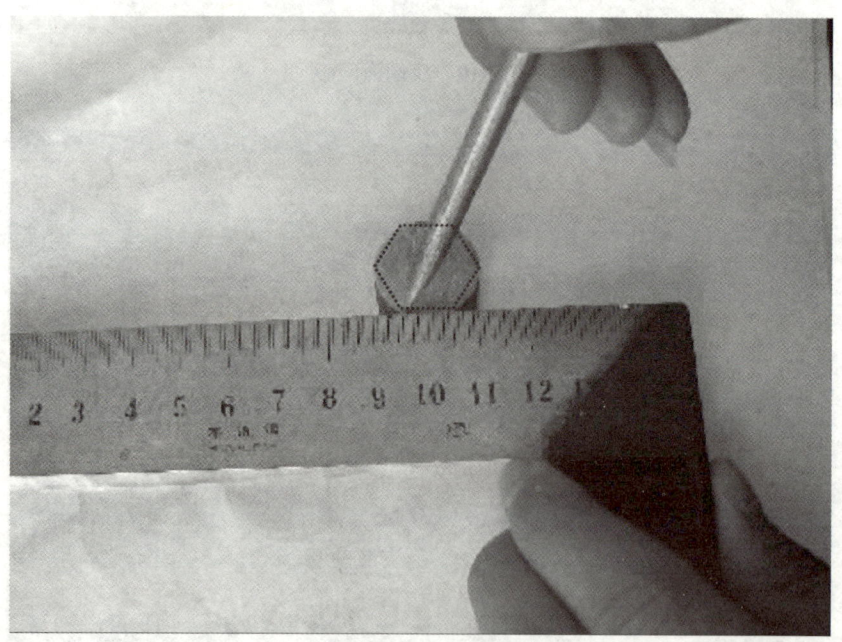

图 5-13　划出正六边形

5）按图样要求锉削六角螺母的基准面（见图 5-14），加工结果如图 5-15 所示。注意：其他五个平面按图 5-4b ~ f 所示顺序进行加工。

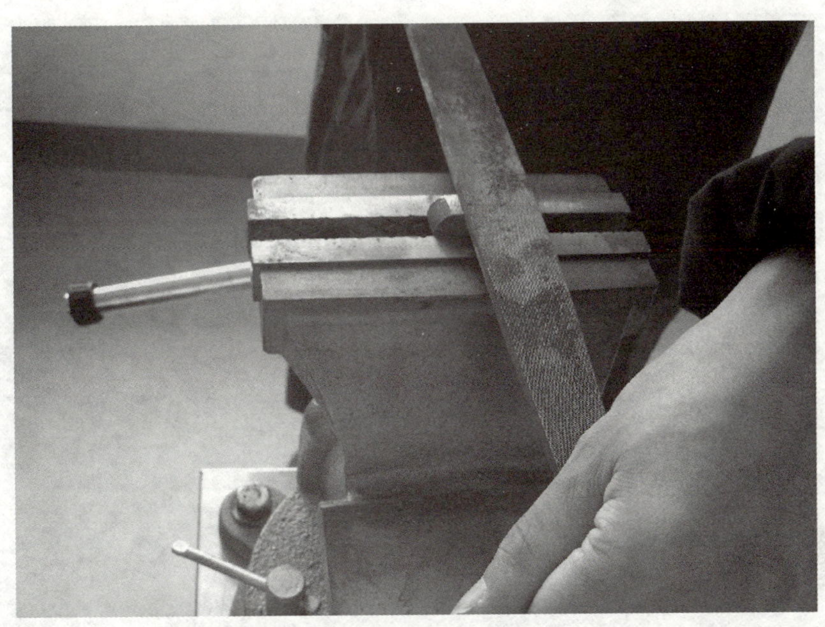

图 5-14　锉削六角螺母的基准面

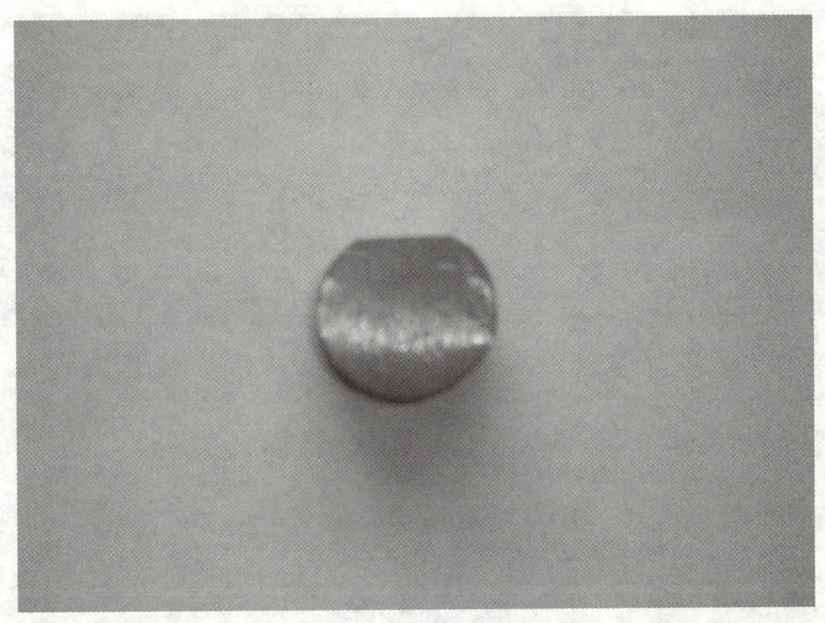

图 5-15　六角螺母基准面

6）用游标卡尺测量加工件六边形的对边尺寸 32mm（见图 5-16）、对角线尺寸 37mm（见图 5-17），并达到图样中的其他相关要求。

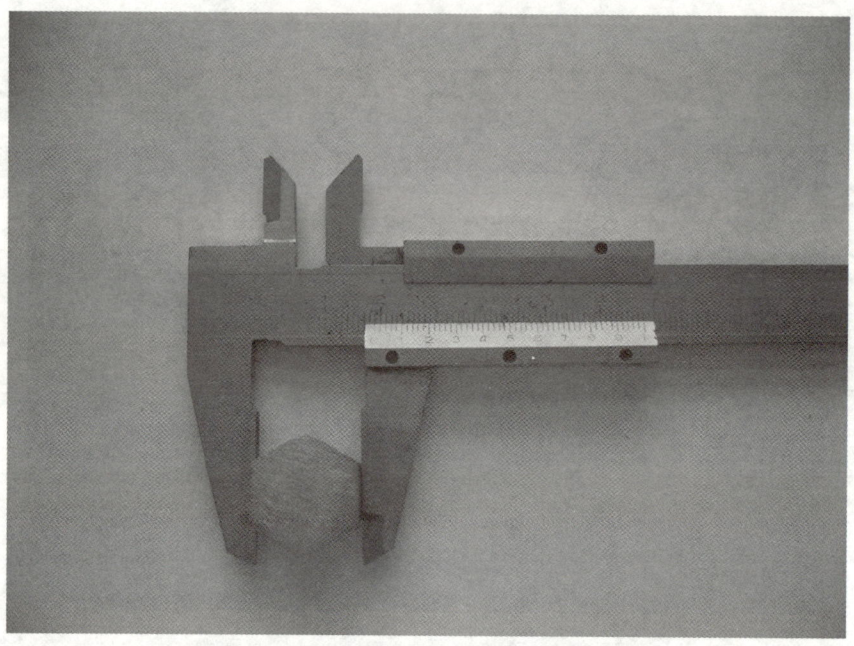

图5-16　测量对边长度

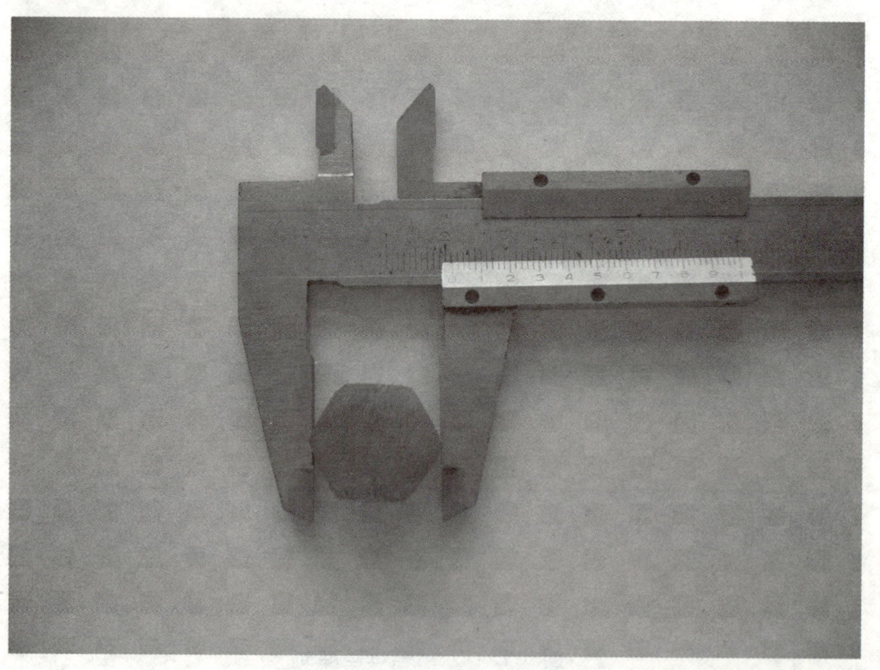

图5-17　测量对角线长度

7）通过划线找六边形中心（见图5-18），并用样冲进行定位（见图5-19）。

图 5-18　找中心

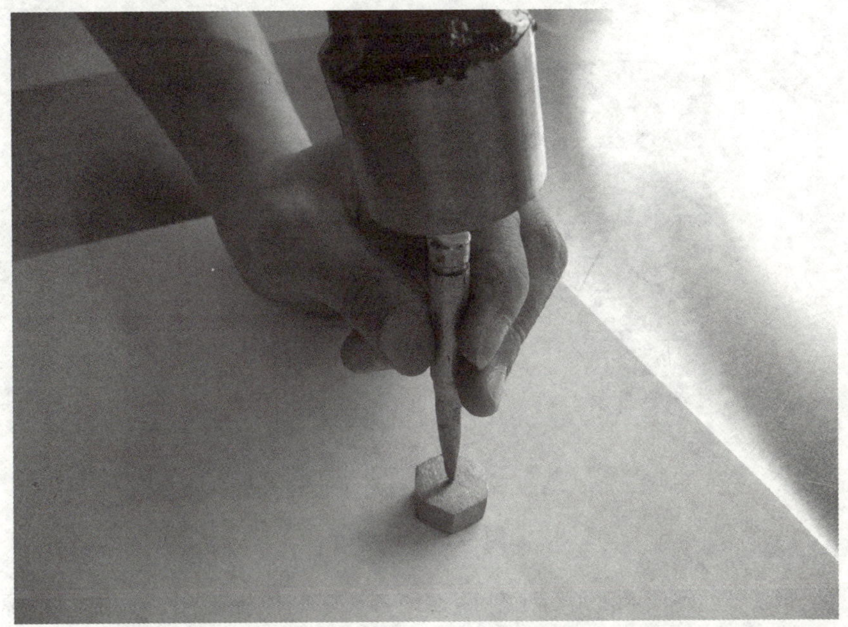

图 5-19　定位

8）使用台式钻床，根据定位，选择合适尺寸的钻头钻孔（见图 5-20）。

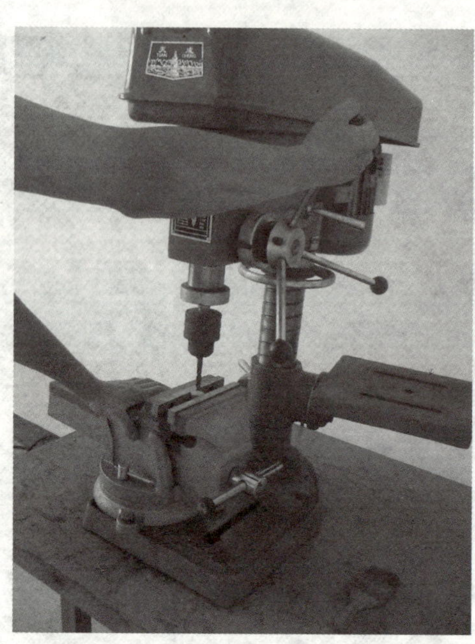

图5-20　钻孔

9）利用丝锥和铰杠攻螺纹（见图5-21），攻螺纹过程中注意加注切削液（见图5-22）。

图5-21　攻螺纹

10）使锉刀与工件成45°角对工件两端面各边进行圆弧倒角，完成六角螺母的加工（见图5-23）。

2. 注意事项

1）为便于掌握加工各面时的粗锉情况，加工前可在加工面两端按划线位置用锉刀倒出加工余量的倒角。

图 5-22　加注切削液

图 5-23　圆弧倒角

2）加工时须防止片面性。

3）使用活动角尺时，测量角度要定取正确，螺母必须拧紧，并要经常校对测量角度的准确性。

4）锯削时，必须注意工件的安装及锯条的安装是否正确。

5）要适时注意锯缝的平直情况，并及时修正。

6）在锉、锯工件过程中，应注意加工方法的正确性和操作安全。

练习记录及成绩评定

评定项目与技术要求	评分标准	配分	得分	备注
尺寸（32±0.1）mm 尺寸（16±0.1）mm	超差0.1mm扣2分	15		
平面度0.05mm（2面）	超差0.01mm扣3分	10		
120°角面的倾斜度0.03mm（6组）	超差0.01mm扣3分	10		
各边倒圆弧1mm（4处）	超差0.1mm扣5分	15		
尺寸差值不大于0.08mm（3处）	超差0.01mm扣2分	10		
螺纹尺寸M20	超差1mm扣2分	10		
边长均等公差0.1mm	超差0.01mm扣2分	10		
锉纹整齐，倒棱均匀（6面）	超差0.1mm扣3分	10		
表面粗糙度值 $Ra \leq 3.2\mu m$	超差不得分	5		
文明生产和安全生产	违者扣3分	5		
时间定额：16h	每超30min扣5分			
总　分				

你可能需要的帮助

一、分度头划线

制作多边形工件是钳工操作中较为复杂的一项技能，对需要等分圆周的工件进行划线时，若直接用划规、钢直尺进行划线，则不仅耗时长、效率低、难度大，而且线的位置准确性较差，如螺母的六边形划线。在这种情况下，利用等分圆周的分度头进行划线和加工是一种极为便捷和有效的方法。

1. 分度头划线原理

分度头是铣床上等分圆周用的附件，钳工常用它对中小型工件进行分度和划线操作。分度头的特点是使用方便、精度较高，其主要结构及传动系统如图5-24、图5-25所示。

分度头的主要规格是用主轴中心到底面的高度（mm）表示的。例如，FW125型万能分度头，其主轴中心到底面的高度为125mm。常用万能分度头的型号有FW100、FW125、FW160等。

钳工在划线工作中，主要采用简单分度法。分度前，先用锁紧螺钉将分度盘固定住，使其不能转动，再调整插销，使它对准分度盘的孔圈。分度时先拔出插销，转动手柄，带动分度头主轴转至所需分度的位置，然后将插销重新插入分度盘的孔中。

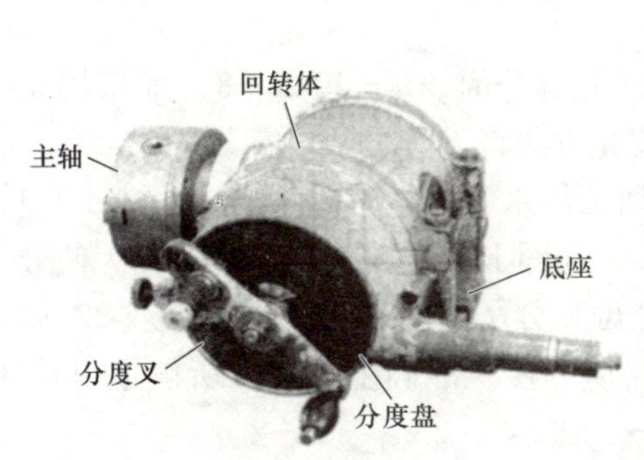

图 5-24　分度头的结构

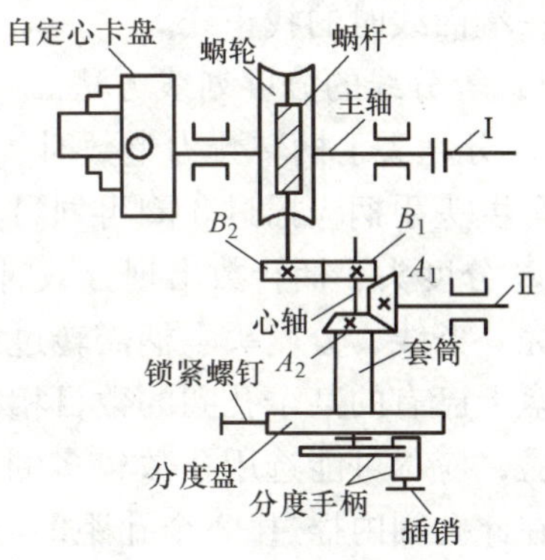

图 5-25　分度头传动系统

简单的分度原理是：当手柄转过一周，分度头主轴转动 1/40 周。如果要对主轴上安装的工件作 z 等分，即每次分度时主轴应转过 $1/z$ 周，则手柄每次分度时应转的转数为

$$n = 40/z$$

式中　n——在工件转过每一等分时，分度头手柄应转过的圈数；

z——工件的等分数。

分度盘两面都有多行沿圆周均布的小孔，用于满足不同的分度要求。一般随分度头带有两块分度盘：第一块正面孔数依次为 24、25、28、30、34、37，反面孔数依次为 38、39、41、42、43；第二块正面孔数依次为 46、47、49、51、53、54，反面孔数依次为 57、58、59、62、66。

例 5-1　要在工件的某圆周上划出均匀分布的 20 个孔，试求每划完一个孔的位置后，手柄应转过多少圈。

解：根据公式 $n = 40/z$，$n = 40/20 = 2$

即每划完一个孔的位置后，手柄应转过 2 圈。

例 5-2　用棒料做一个正五边形体，使用分度头划出五等分。

解：根据公式 $n = 40/z$，$n = 40/5 = 8$

即每划一条线，分度头手柄应摇过 8 圈再划另一条线。按此方法将五等分线全部划完 。

2. 分度头划线的操作步骤

1）工件涂色。

2）将工件装夹在分度头的自定心卡盘上并卡紧。

3）调整游标高度尺，找出分度头中心高。

4）在工件端面划出中心线，并翻转 180°检查准确性。如不准确，则要对游标高度

尺作适当调整，并重新划中线。

5）摇动分度头手柄，将工件转动90°，划第二条中心线。

6）将游标高度尺下调（或上调），在端面划线，并延伸至外圆柱表面，作为调头划另一端面线时的找正线。

7）等分线的分度划线方法。

① 分度头手柄转数为整数时。例如，工件五等分时，$n=40/5=8$，即每划完一条线，分度头手柄应摇过8圈再划另一条线。按此方法将五等分线全部划完。

② 分度头手柄转数出现分数时。例如，划工件六等分线时，$n=40/6=6+2/3$，即每划完一条线，分度头手柄需转过6整周加某一孔圈上转过2/3周。此时，为使分母与分度盘上已有的某个孔圈的数目相符，可把分母、分子同时扩大成10/15或22/33。根据经验，应尽可能选用孔数较多的圈，这样摇动方便，准确度也高。所以这里选用33孔，在此孔圈内摇过22个孔距即可。

8）卸下工件，将分度头擦拭干净。

3. 注意事项

1）为消除分度头中蜗杆与蜗轮或齿轮之间的间隙，保证划线的准确性，分度头手柄必须朝一个方向摇动。

2）当分度头手柄摇到预定孔位时，注意不要摇过头，定位销必须正好插入孔内。如发现已摇过了预定的孔位，则需反向转过半圈左右后，再重新摇到预定的孔位。

3）使用万能分度头时，每次分度前，必须先松开分度头侧面的主轴紧固手柄，分度头主轴才能自动转动。分度完毕后，仍需紧固主轴，以防止主轴在划线过程中松动。

二、攻螺纹与套螺纹的基本知识

工件圆柱表面上的螺纹称为外螺纹，工件圆柱孔内表面上的螺纹称为内螺纹。常用的三角形螺纹工件，其螺纹除采用机械加工外，还可以通过攻螺纹和套螺纹等钳工加工方法获得。攻螺纹是用丝锥加工出内螺纹，套螺纹是用板牙在圆杆上加工出外螺纹。

1. 攻、套螺纹用工具

（1）丝锥　丝锥是专门用来加工小直径内螺纹的成形刀具，如图5-26所示。

丝锥的基本形状像一个螺钉，其轴向有几条容屑槽，相应地开成几瓣切削刃，由工作部分和柄部组成，其中工作部分由切削部分与校准部分组成。切削部分常磨成圆形，以便使切削负荷分配在几个刀齿上，其作用是切去孔内螺纹牙间的金属。校准部分的作用是修光螺纹和引导丝锥。丝锥上有3~4条容屑槽，便于容屑和排屑。柄部为方头，其作用是与铰杠相配合并传递扭矩。

（2）铰杠　铰杠是用来夹持丝锥的工具，如图5-27所示。

常用的是可调式铰杠，旋动右边手柄，即可调节方孔的大小，以便夹持不同尺寸的丝锥。铰杠的长度应根据丝锥的尺寸进行选择，以便控制攻螺纹时施加的力（扭矩），防止丝锥因施力不当而折断。

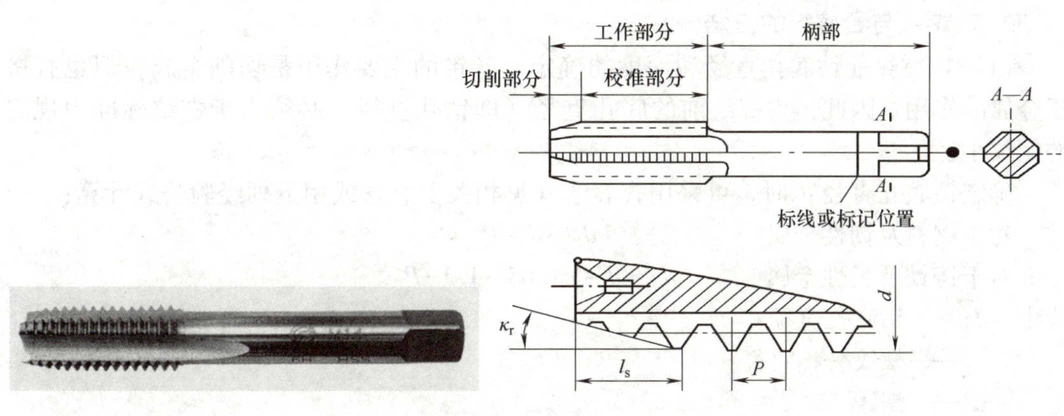

图 5-26 丝锥

(3) 板牙 板牙（见图 5-28）是加工外螺纹的刀具，由合金钢 9SiCr 制成并经热处理淬硬，其外形像一个圆螺母，只是上面钻有几个排屑孔，并形成切削刃。

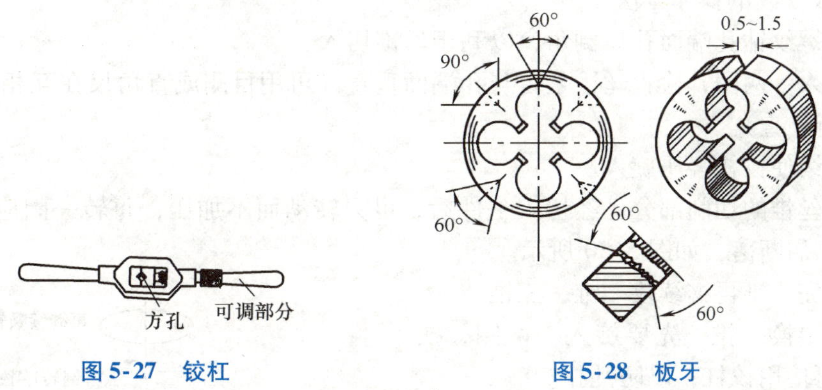

图 5-27 铰杠

图 5-28 板牙

板牙由切削部分、定径部分、排屑孔（一般有 3 ~ 4 个）组成。排屑孔的两端有 60°的锥度，起着主要的切削作用；定径部分起修光作用。板牙的外圆有一条深槽和 4 个锥坑，锥坑用于定位和紧固板牙，当板牙的定径部分磨损后，可用片状砂轮沿槽将板牙切割开，借助调紧螺钉将板牙直径缩小。

(4) 板牙架 板牙是装在板牙架上使用的，板牙架是用来夹持板牙、传递扭矩的工具，如图 5-29 所示。工具厂按板牙外径规格制造了各种配套的板牙架，以供选用。

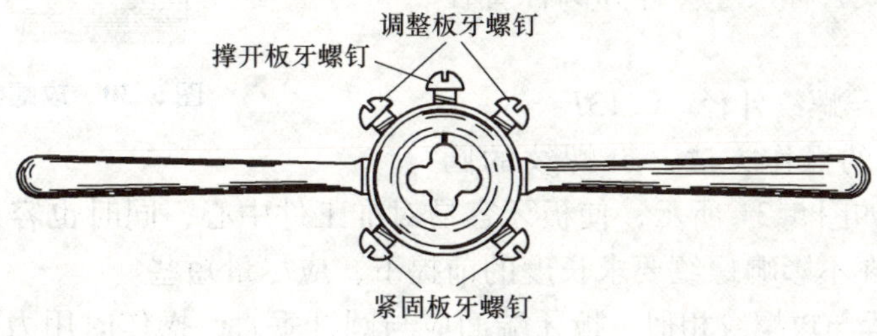

图 5-29 板牙架

2. 攻螺纹与套螺纹的方法

（1）攻螺纹前钻底孔直径和深度的确定　丝锥的主要作用是切削金属，但也有挤压金属的作用。因此，攻螺纹前的底孔直径（即钻孔直径）必须大于螺纹标准中规定的螺纹小径。

确定钻底孔直径 d_0 时，可采用查表法（见相关手册）或用下列经验公式计算：

对于钢料及韧性金属　　$d_0 \approx d - P$

对于铸铁及脆性金属　　$d_0 \approx d - (1.05 \sim 1.1)P$

式中　d_0——钻底孔直径；

d——螺纹公称直径；

P——螺距。

攻不通孔的螺纹时，因丝锥不能攻到底，所以孔的深度要大于螺纹长度。不通孔的深度可按下列公式计算

$$孔的深度 = 所需螺孔深度 + 0.7d$$

（2）攻螺纹的操作方法

1）对螺纹钻孔端面孔口倒角，以利于丝锥切入。

2）旋入一两圈，检查丝锥是否与孔端面垂直（可用目测或直角尺在互相垂直的两个方向进行检查）。

3）继续使铰杠轻压旋入。

4）当丝锥的切削部分已经切入工件后，可只转动而不加压，每转一圈应反转1/4圈，以便切屑断落，如图5-30所示。

5）攻完头锥再继续攻二锥、三锥。

6）每更换一锥，先要旋入一两圈，扶正定位，再使用铰杠，以防乱扣。

7）攻钢料工件时，加全损耗系统用油润滑可使螺纹光洁，并能延长丝锥的使用寿命；对于铸铁件，可加煤油润滑。

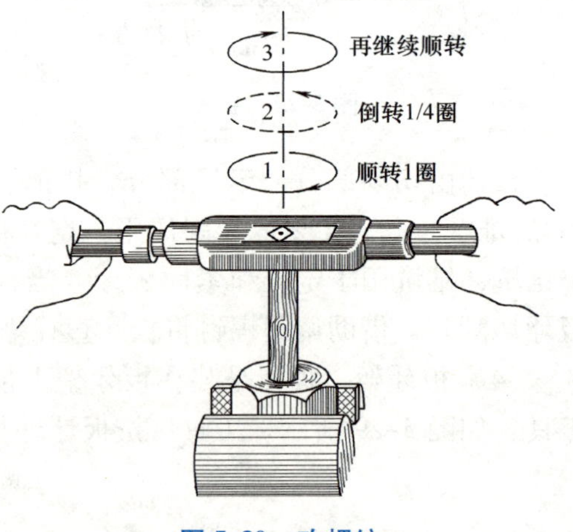

图5-30　攻螺纹

（3）套螺纹前圆杆直径的确定　圆杆外径太大，则板牙难以套入；圆杆外径太小，则套出的螺纹牙型不完整。因此，圆杆直径应稍小于螺纹公称尺寸。计算圆杆直径的经验公式为

$$圆杆直径 \approx 螺纹外径 - 0.13P$$

（4）套螺纹的操作方法　套螺纹的圆杆端部应倒角，如图5-31所示，使板牙容易对准工件中心，同时也容易切入。工件伸出钳口的长度，在不影响螺纹要求长度的前提下，应尽量短些。

套螺纹的过程与攻螺纹相似。板牙端面应与圆杆垂直，操作时用力要均匀。开始转动板牙时要稍加压力；套入三四扣后，可只是转动而不加压，并经常反转，以便于断屑。

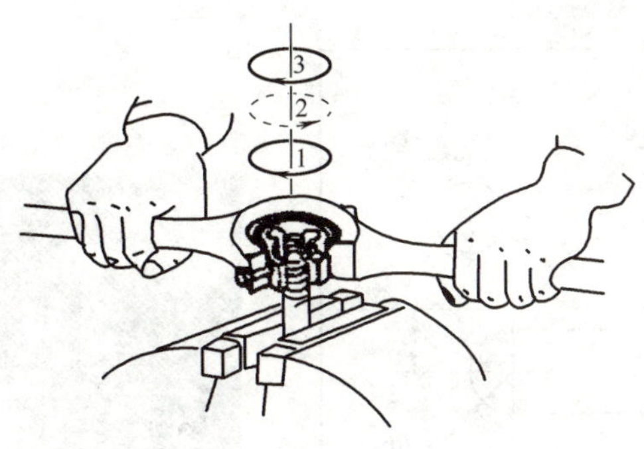

图 5-31　套螺纹

三、攻螺纹实例

1. 任务准备中

1）准备钢直尺、划针、丝锥、铰杠等工具（见图 5-32）。

2）加工零件实物如图 5-33 所示。

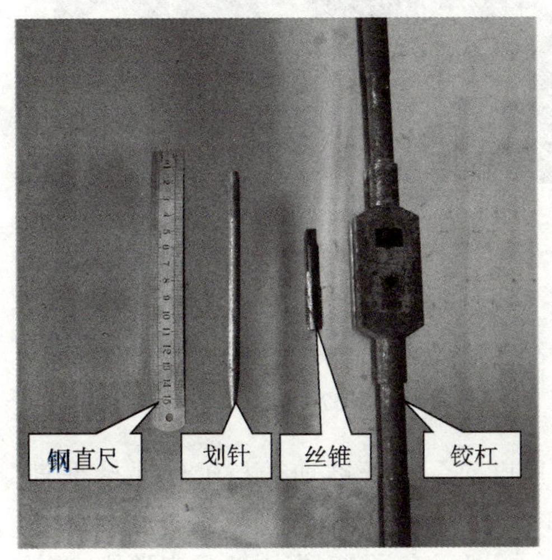

图 5-32　工具图

图 5-33　零件实物图

3）绘制工件图样（见图 5-34）。

2. 工作中

1）按图样尺寸用划针在工件上确定中心线和定位尺寸、定形尺寸（见图5-35）。

2）用样冲确定 2×M12、$R6$mm 圆孔的中心位置（见图 5-36）。

3）根据中心孔位置，分别用 $\phi10$mm 和 $\phi12$mm 的钻头钻孔（见图 5-37），并达到各孔的表面粗糙度要求（$Ra \leqslant 12.5\mu m$）。

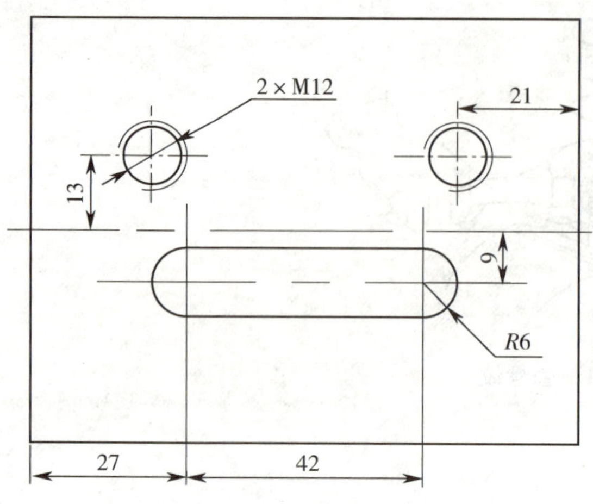

图 5-34　工件图样

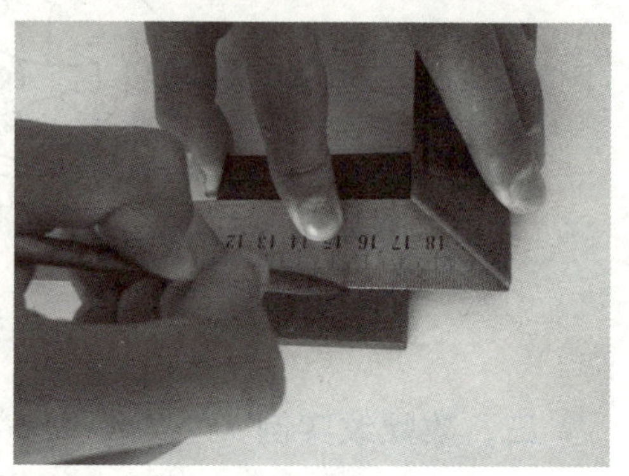

图 5-35　用划针确定中心线和各尺寸

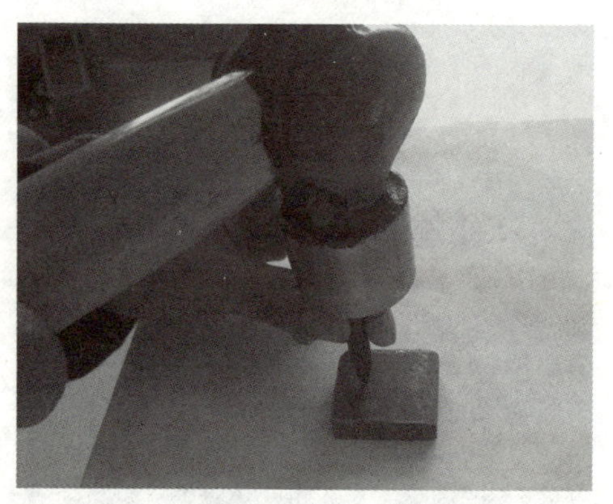

图 5-36　用样冲确定圆孔中心

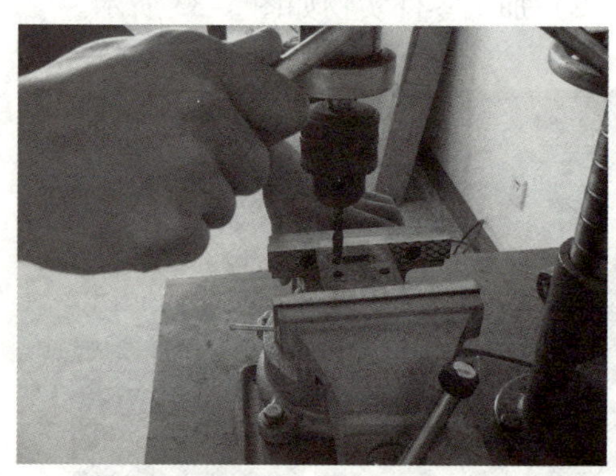

图 5-37　钻孔

4）依次攻制 2×M12 螺纹（见图 5-38）。起攻前，使丝锥轴线与工件保持垂直，两手握住铰杠两端均匀施加压力，并将丝锥顺向旋进。保证丝锥轴线与孔中心线重合，不得歪斜。攻螺纹时，为使切屑碎断后容易排除，以避免因切屑阻塞而使丝锥卡住，应加注切削液（见图 5-39）。

5）攻螺纹完成后，用 M12 螺钉旋入进行配检（见图 5-40）。

四、套螺纹实例

1. 任务准备中

1）准备钢直尺、游标卡尺、板牙、划针、铰杠等辅助工具（见图 5-41）。

2）加工零件实物如图 5-42 所示。

3）绘制工件图样（见图 5-43）。

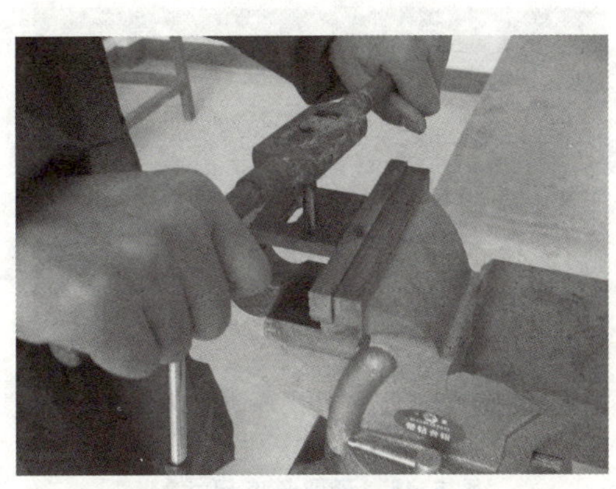

图 5-38　攻螺纹

图 5-39　加注切削液

图 5-40　工件配检图

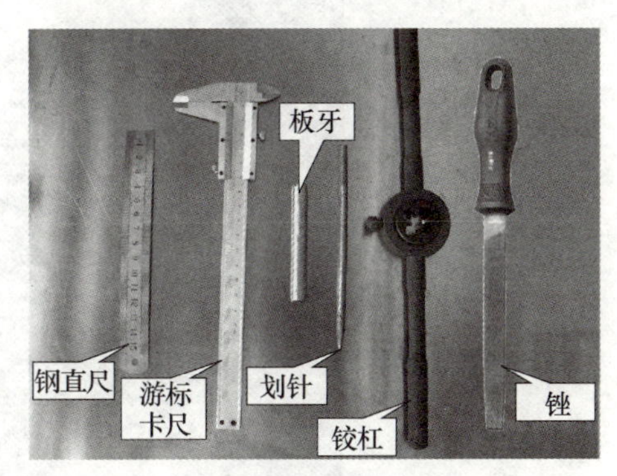

图 5-41　工具图

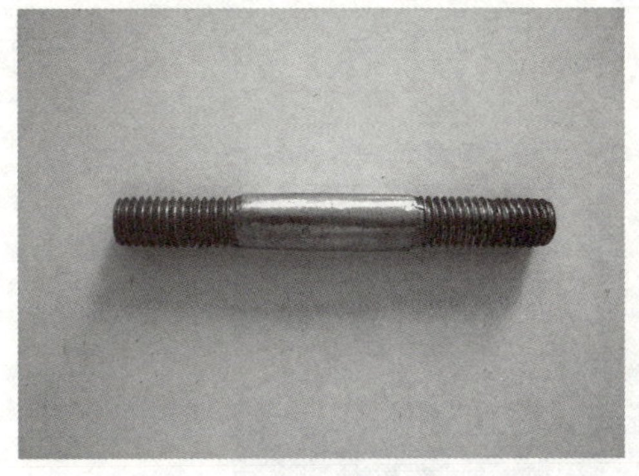

图 5-42　加工零件实物图

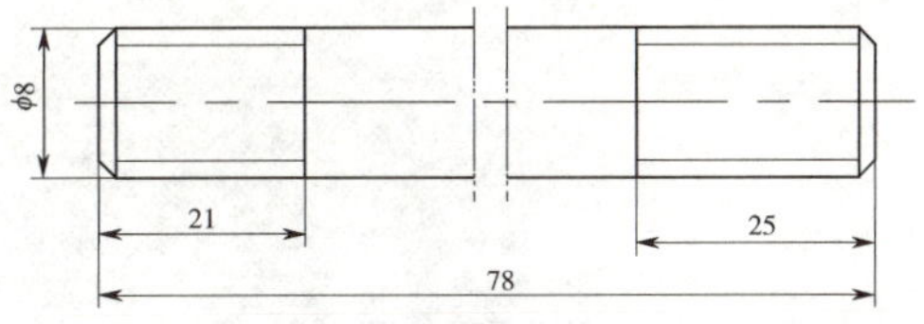

图 5-43　工件图样

2. 工作中

1）用游标卡尺测量材料直径（大于8mm）（见图5-44），量取毛坯长度尺寸79mm（见图5-45），然后下料（见图5-46）。

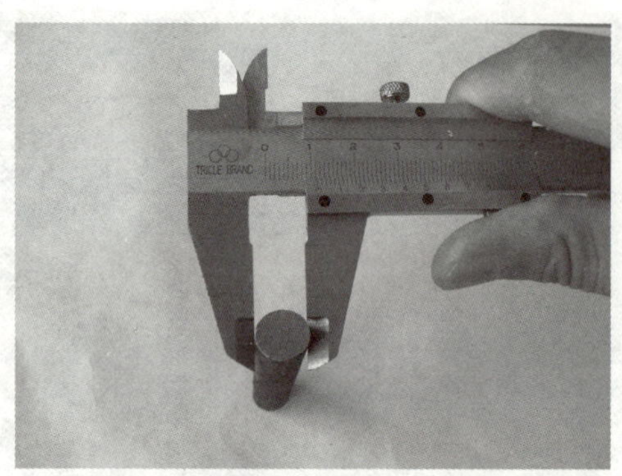

图 5-44 测量直径

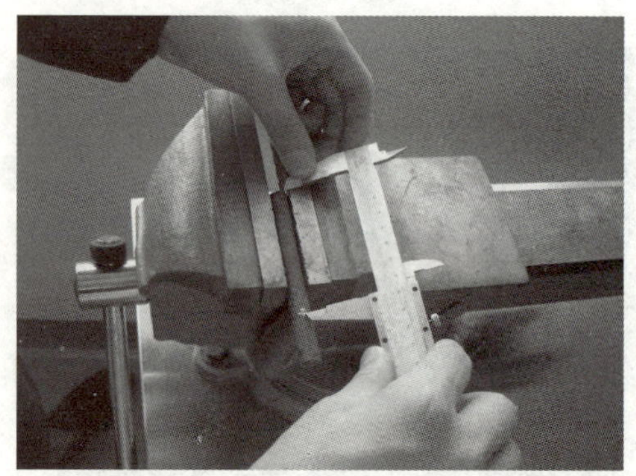

图 5-45 量取长度尺寸

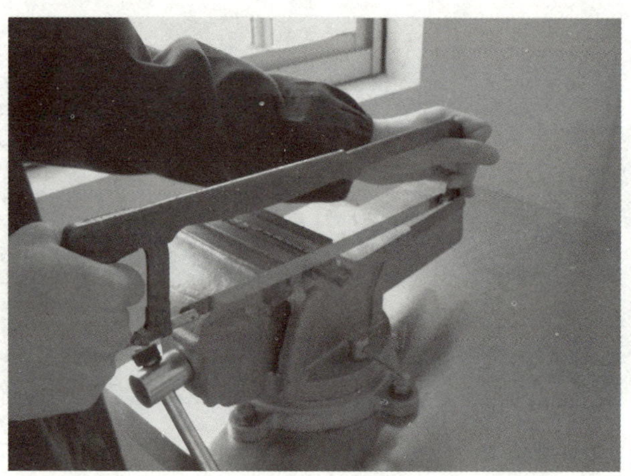

图 5-46 下料

2）用游标卡尺检测长度尺寸 79mm（见图 5-47）。

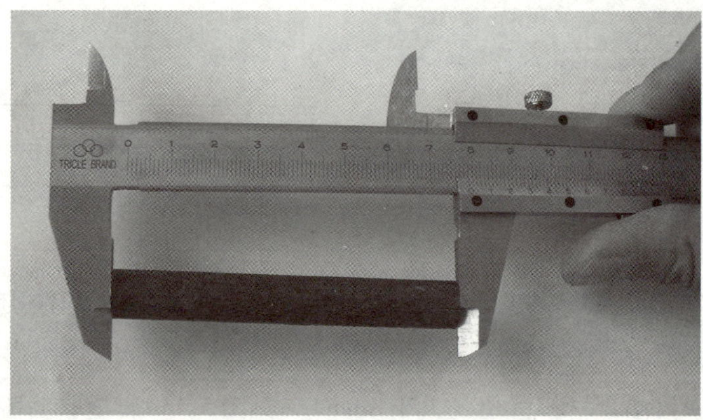

图 5-47 检测长度尺寸

3）采用半圆锉法，用扁锉锉削毛坯工件表面，达到图样尺寸要求 ϕ8mm（见图 5-48）。

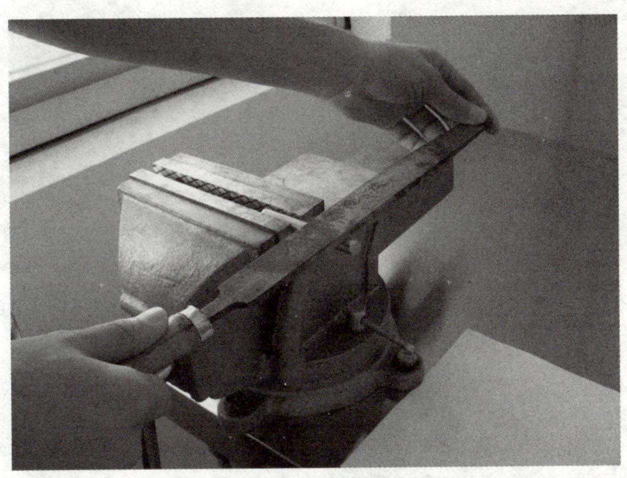

图 5-48　锉削毛坯件

4）使锉刀与工件表面成 45°角，锉削工件两端面，并形成倒角（见图 5-49）。倒角完成后，成形的工件如图 5-50 所示。

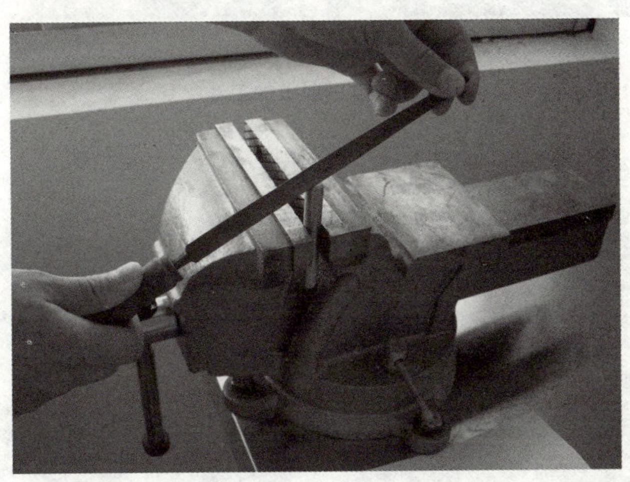

图 5-49　倒角

5）用游标卡尺量取圆杆两端加工尺寸 21mm 和 25mm（见图 5-51）。

6）用划针划出圆杆左、右端面外螺纹的加工线（见图 5-52a、b）。

7）起套方法与攻螺纹一样，板牙端面与圆杆轴线垂直，两手握住铰杠两端均匀施加压力，并将板牙顺向旋进（见图 5-53）。为使切屑碎断后容易排除，套螺纹过程中应加注切削液，以避免切屑阻塞（见图 5-54）。

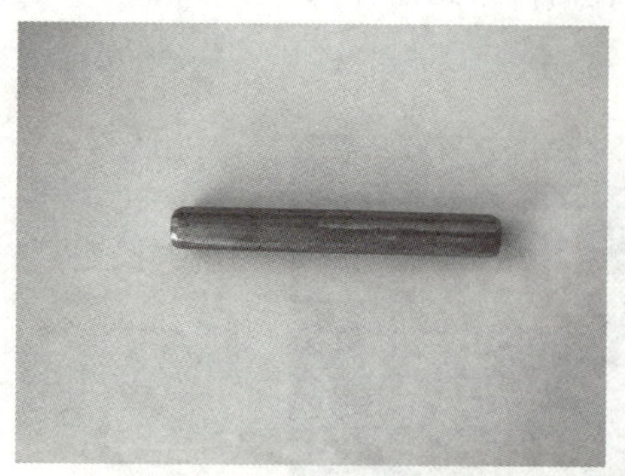

图 5-50　倒角后的工件

图 5-51　量取尺寸

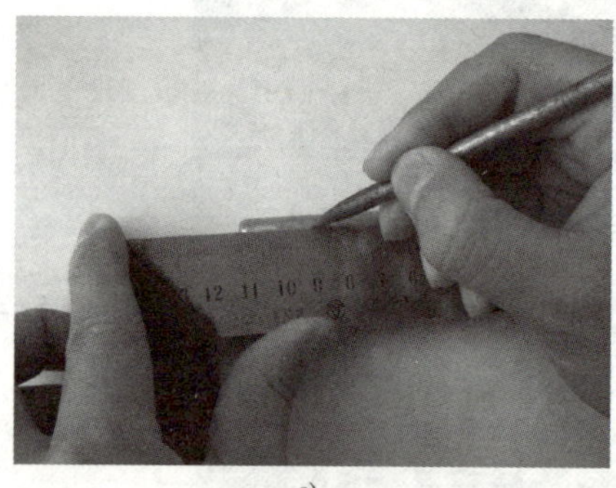

a)

b)

图 5-52　划出加工线

a）划左端加工线　b）划右端加工线

图 5-53　起套螺纹

图 5-54　加注切削液

8）套螺纹完成后，根据图样要求，再用游标卡尺对圆杆两端加工的外螺纹长度尺寸 21mm 和 25mm 进行检测，如图 5-55a、b 所示。

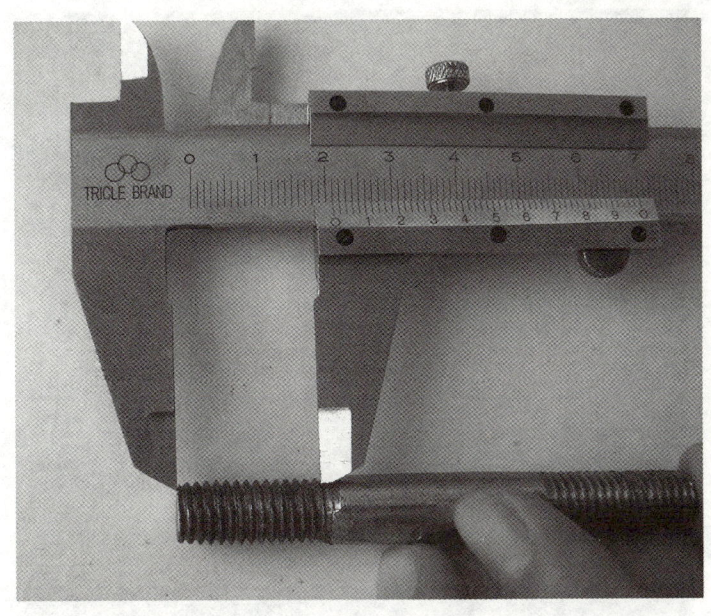

a)

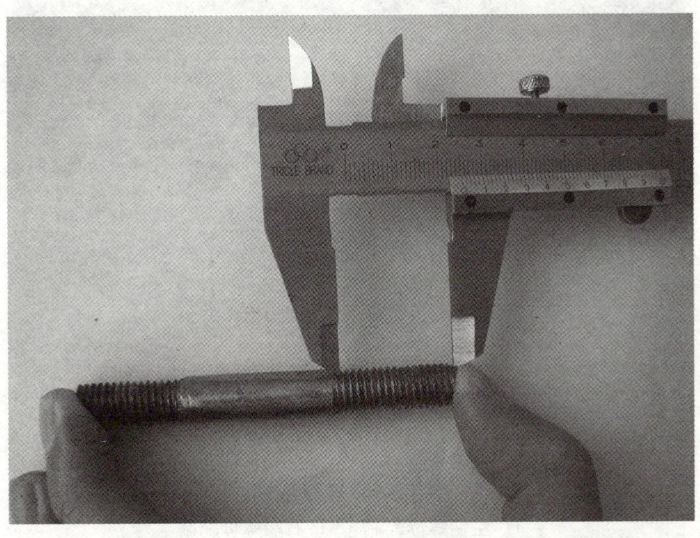

b)

图 5-55　测量两端螺纹长度

a）测量左端螺纹长度　b）测量右端螺纹长度

9）根据套螺纹方法套制 M8 双头螺柱的螺纹，并用相应的螺母进行配制（见图 5-56）。

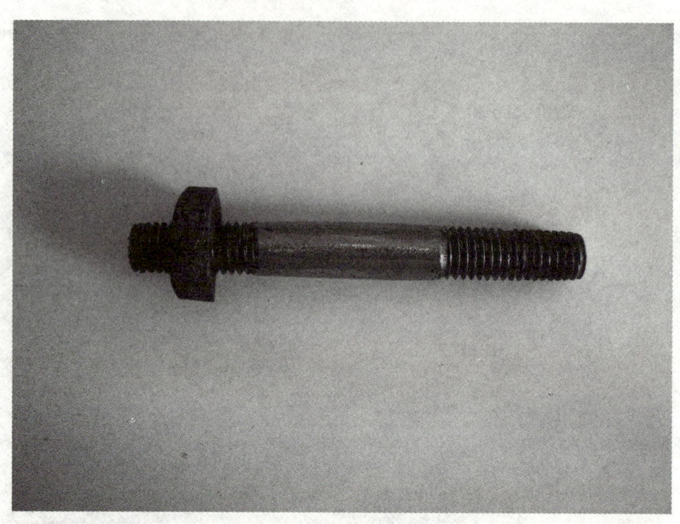

a)

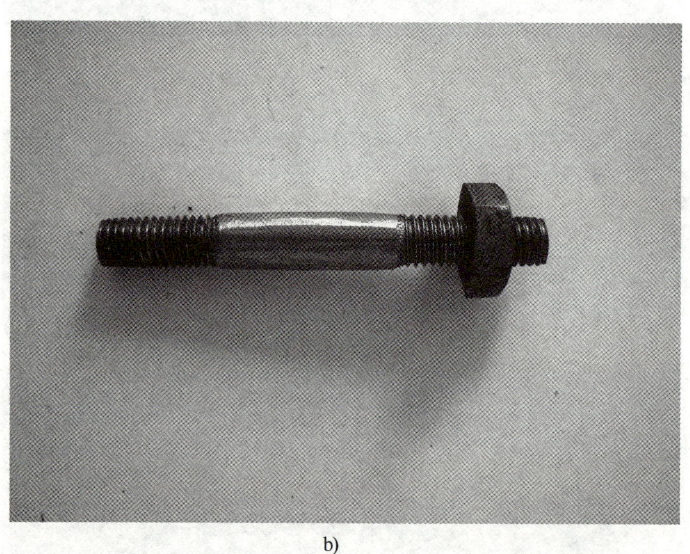

b)

图 5-56　螺母配制

a）左端螺母配制　b）右端螺母配制

五、攻、套螺纹注意事项

1）钻螺纹底孔时要用立式钻床，必须先熟悉机床的使用和调整方法，然后再进行加工，并注意做到安全操作。

2）在起攻、起套时，要从两个方向及时进行垂直的校正，这是保证攻、套螺纹质量的重要环节。

3）起攻、起套的正确性以及攻、套螺纹时控制两手用力均匀和掌握好用力限度，

是攻、套螺纹的基本功，必须用心掌握。

4）熟悉攻、套螺纹中常见问题的解决方法。

想一想

一、填空题

1. 丝锥是加工________的工具，有________丝锥和________丝锥。

2. 成组丝锥通常是 M6 ~ M24 的丝锥组成一组，有________支；M6 以下及 M24 以上的丝锥组成一组，有________支；细牙丝锥为________支一组。

3. 攻螺纹时，丝锥切削刃对材料产生挤压，因此攻螺纹前________直径必须稍大于________小径的尺寸。

4. 套螺纹时，材料受到板牙的挤压而变形，所以套螺纹前________直径应稍小于________大径的尺寸。

5. 螺纹按旋向分________旋螺纹和________旋螺纹。

6. 分度头的规格是用主轴________到底面的高度表示的。

二、判断题

1. 用丝锥在工件孔中切出内螺纹的加工方法称为套螺纹。（ ）

2. 用板牙在圆杆上切出外螺纹的加工方法称为攻螺纹。（ ）

3. 普通螺纹丝锥有粗牙、细牙之分，单支、成组之分，等径、不等径之分。（ ）

4. 专用丝锥为了控制排屑方向，将容屑槽做成螺旋槽。（ ）

5. 螺纹旋向顺时针方向旋入时，是右旋螺纹。（ ）

6. 套螺纹时，圆杆顶端应倒角 15°~ 20°（ ）

7. 圆盘工件上的任意等分孔都能通过铣床分度头，利用简单分度来分度划线，这种方法既迅速又准确。（ ）

8. 利用分度头划等分孔中心线时，分度盘上应尽量选用孔数较多的孔圈，因为这样摇动方便，准确度也高。（ ）

9. 划线时，划出的线条除要求清晰、均匀、符合要求外，最重要的是要保证尺寸准确。（ ）

10. 样板划线适用于形状简单、精度要求高和加工面少的工件。（ ）

11. 经过划线确定了工件的尺寸界限，在加工过程中，应通过加工来保证尺寸的准确性。（ ）

12. 利用分度头划线，当手柄转数不是整数时，可利用分度叉一起分度。（ ）

13. 用分度头分度很方便，因为分度手柄可以正反转动。（ ）

三、选择题

1. 攻不通孔螺纹时，底孔深度（ ）所需的螺孔深度。

A. 等于　　B. 小于　　C. 大于

2. 套螺纹时，圆杆直径应（ ）螺纹直径。

A. 等于　　B. 小于　　C. 大于

3. 在钢和铸铁工件上分别加工同样直径的内螺纹，钢件底孔直径比铸铁件底孔直径（　　）。

A. 大0.1P　　B. 小0.1P　　C. 相等

4. 在钢和铸铁圆杆工件上分别加工同样直径的外螺纹，钢件圆杆直径应（　　）铸铁件圆杆直径。

A. 稍大于　　B. 稍小于　　C. 等于

5. 用分度头划线，在调整分度叉时，如果分度手柄要摇过42孔距数，则两叉脚间应有（　　）个孔。

A. 41　　B. 42　　C. 43

6. 在FW125分度头上将工件8等分，每划一条线后，手柄应转过（　　）后再划第二条线。

A. 2周　　B. 4周　　C. 5周

四、名词与代号解释题

1. 螺距

2. M10

3. M20×1.5

五、简述题

1. 攻螺纹时，螺纹底孔直径为什么要略大于螺纹小径？

2. 套螺纹前，圆杆直径为什么要略小于螺纹大径？

3. 使用划针划线时应该注意哪些事项？

4. 试述简单的分度原理。

六、计算题

1. 用计算法求出下列螺纹底孔直径。（精确到小数点后一位）

1）在钢件上攻螺纹：M20、M12×1。

2）在铸铁件上攻螺纹：M20、M12×1。

2. 在钢件上加工M20的不通孔螺纹，螺纹的有效深度为60mm，求钻底孔的深度。